Hallo Marco!
Jetzt im Advent
ist es wohl das Beste
man liest auch die
Advents-Gedichte!
Auf Seite 30
schönes Gedicht ist ein besonders
Gedicht!
Evi

LORIOTs
HEILE WELT

LORIOTs
HEILE WELT

Diogenes

LORIOTS HEILE WELT
VERSAMMELT TEXTE UND ZEICHNUNGEN
AUS FOLGENDEN WERKEN:
›DER GUTE TON‹
›DER WEG ZUM ERFOLG‹
›WAHRE GESCHICHTEN‹
›FÜR DEN FALL‹
›UMGANG MIT TIEREN‹
›NIMM'S LEICHT‹
›NEUE LEBENSKUNST‹
›CARTOON 61‹
›LORIOTS KLEINE PROSA‹
R. G. E. LEMPP,
›KINDER FÜR ANFÄNGER‹
UND ›ELTERN FÜR ANFÄNGER‹
ALLE ERSCHIENEN IM DIOGENES VERLAG
ZAHLREICHE NEUE ZEICHNUNGEN STAMMEN AUS DER
›STERN‹-SERIE LORIOTS HEILE WELT,
DIE DIESEM BUCH DEN TITEL GAB

NEUE, VERÄNDERTE AUFLAGE, 1980
ALLE RECHTE VORBEHALTEN
COPYRIGHT © 1973 BY
DIOGENES VERLAG AG ZÜRICH
120/88/21/4
ISBN 3 257 01649 2

INHALT

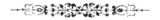

VORWORT

J*a, äh* . . . .
. . . .
. . . .
. . . .
. . . .
. . . .
. . . .
. . . .
. . . .
. . . .
. . . .
. . . .
. . . .
. . . .
. . . .
. . . .
. . . .
. . . .
. . . .
. . . .
. . . .
. . . .
. . . .

. . . .
. . . . *oder* . . . . . .
. . . .
. . . .
. . . .
. . . .
. . . .
. . . .
. . . .
. . . .
. . . .
. . . .
. . . .
. . . .
. . . .
. . . .
. . . .
. . . .
. . . .
. . . .
. . . .

Ammerland, im Frühjahr 1973   LORIOT

JAHRESZEITEN
UND
FESTE

KARNEVAL

› Das Känguruh ‹ ist ein sehr seltenes Karneval-Kostüm und für Ehe-paare gedacht, welche die tollen Tage gemeinsam verleben wollen. Abb. 1 zeigt eine Wuppertaler Gewerbelehrerin mit ihrem Gatten während des Kostümierens. Dann (Seite 12) die Eheleute ballfertig (2), auf ein Taxi wartend (3) und beim Tanz (4).

1

2

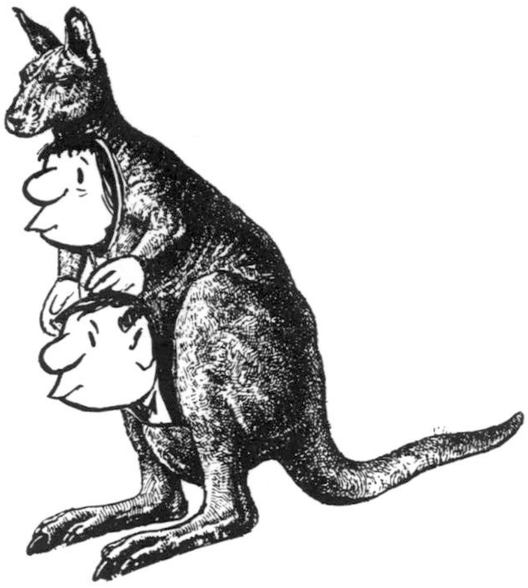

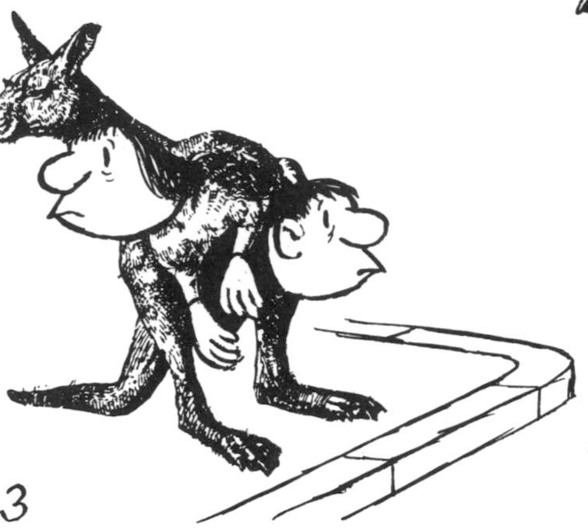

3

4

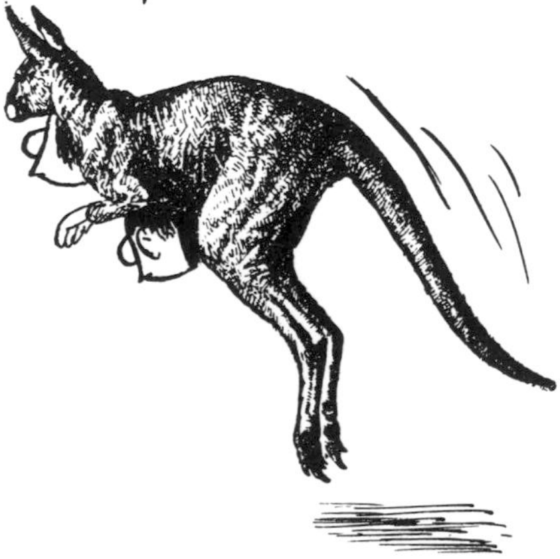

Völlig mißverstanden hatte ein Fräulein Wesendonk die Karnevals-
bräuche des Düsseldorfer Freikörperkulturverbandes. Sie wurde nie
wieder eingeladen.

Die kalte Ente für zweihundertundfünfzig Personen bei Direktor
Spengler war trotz der Hochstimmung der Gastgeberin in diesem
Jahr nicht jedermanns Geschmack.

Den zweiten Platz beim beliebten Kölner Kostümwettbewerb für
Ehepaare belegten der Handelsvertreter Wilfried P. und seine Gattin
Gertrud, geb. Jockel (Pfeil).

Beim Überfliegen von Mainz machten Chefpilot Albert B. Lambert und seine Besatzung keine Angaben über Flughöhe, Wetter und Geschwindigkeit.

FRÜHLINGSEINZUG

Überall sieht man frohe Gesichter. Am 21. März hielt (wie schon im Vorjahr um diese Zeit) der Frühling seinen Einzug in deutschen Landen.

Nur schwachen Beifall fand der Einzug des Frühlings in Dortmunds städtischen Anlagen, wo Exportkaufmann Wilfried M. sich erstmalig anschickte, seine Bekannte zu küssen.

Mit dem unvermutet stürmischen Einzug des Frühlings in Cuxhaven entwickelte der Notariatsangestellte Klaus P. mehrere ganz neue Triebe.

In Oberförster Eduard O. vom Mannheimer Stadtforst keimte beim Einzug des Frühlings eine gewisse Vorfreude auf die Freizeitsaison.

Infolge dienstlicher Engstirnigkeit von Wachtmeister Fritz K. (A)
sieht sich Hannover genötigt, für diesmal auf den Frühling ganz-
jährig zu verzichten (B).

»Ich *hasse* den Frühling...«

OSTERN

Nicht nur rein hasenmäßig gesehen, auch vom Standpunkt des Eies aus betrachtet, werden die Osterfeiertage gerade in bürgerlichen Kreisen immer noch zu leicht genommen.

Führende Zoologen behaupten, auch bei ganz jungen Hasen seien Sprünge von sechzig Zentimetern und darüber heute keine Seltenheit mehr.

Von allen Angestellten eines Frankfurter Playboy-Clubs wurde das sexbetonte Auftreten des Osterhasen als anstößig empfunden.

Die eindrucksvolle Aufmachung des Chefsprechers der Deutschen
Tagesschau brachte eine festliche Note in das sonst glanzlose Fernseh-
programm der Ostertage.

SOMMER- UND
BADEFREUDEN

Freizeitglück und ungetrübte Lebensfreude an Europas Sonnen-
stränden können durch das gelegentliche Auftauchen kleiner Zivilisa-
tionsspuren nur noch gesteigert werden.

»Ich bin nämlich etwas empfindlich...«

UMGANG
MIT GUMMITIEREN

An allen Badestränden befindet sich das Gummitier im Vormarsch. Da häufig durch mangelnde Kenntnis im Umgang mit denselben ein froh begonnener Urlaub schließlich mißlingt, ist es ratsam, auf die Handhabung der elastischen ·Ferienkameraden näher einzugehen. Merke: Es ist die Gepflogenheit vieler Urlauber, sich am Strande etwas aufzublasen!

Das Aufblasen hat langsam zu erfolgen, um die Lunge nicht zu überlasten (Abb. 1–3). Rechtzeitige Beendigung des Blasens schont das Gummitier. Merke: Im Interesse des Gummitierhalters geschieht das Herauslassen der Luft in umgekehrter Richtung.

»Seht mal – es fährt von alleine!«

HERBST

WINTER

Bei Glatteis gewährt ein ebenso einfaches wie unbekanntes Mittel
dem Fußgänger Sicherheit im Verkehr (A). Reichliches Streuen ermöglicht aufrechten Gang (B).

ADVENT

Es blaut die Nacht, die Sternlein blinken,
Schneeflöcklein leis herniedersinken.
Auf Edeltännleins grünem Wipfel
häuft sich ein kleiner weißer Zipfel.
Und dort vom Fenster her durchbricht
den dunklen Tann ein warmes Licht.
Im Forsthaus kniet bei Kerzenschimmer
die Försterin im Herrenzimmer.
In dieser wunderschönen Nacht
hat sie den Förster umgebracht.
Er war ihr bei des Heimes Pflege
seit langer Zeit schon sehr im Wege.
So kam sie mit sich überein:
am Niklasabend muß es sein.
Und als das Rehlein ging zur Ruh',
das Häslein tat die Augen zu,
erlegte sie direkt von vorn
den Gatten über Kimm und Korn.

Vom Knall geweckt rümpft nur der Hase
zwei-, drei-, viermal die Schnuppernase
und ruhet weiter süß im Dunkeln,
derweil die Sternlein traulich funkeln.
Und in der guten Stube drinnen
da läuft des Försters Blut von hinnen.
Nun muß die Försterin sich eilen,
den Gatten sauber zu zerteilen.
Schnell hat sie ihn bis auf die Knochen
nach Waidmanns Sitte aufgebrochen.
Voll Sorgfalt legt sie Glied auf Glied
(was der Gemahl bisher vermied) –,
behält ein Teil Filet zurück
als festtägliches Bratenstück
und packt zum Schluß, es geht auf vier
die Reste in Geschenkpapier.
Da tönt's von fern wie Silberschellen,
im Dorfe hört man Hunde bellen.
Wer ist's, der in so tiefer Nacht
im Schnee noch seine Runde macht?
Knecht Ruprecht kommt mit goldnem Schlitten
auf einem Hirsch herangeritten!
»He, gute Frau, habt ihr noch Sachen,
die armen Menschen Freude machen?«
Des Försters Haus ist tief verschneit,
doch seine Frau steht schon bereit:
»Die sechs Pakete, heil'ger Mann,
's ist alles, was ich geben kann.«
Die Silberschellen klingen leise,
Knecht Ruprecht macht sich auf die Reise.
Im Försterhaus die Kerze brennt,
ein Sternlein blinkt – es ist Advent.

WEIHNACHTEN

Geschenke

Die Übersättigung gehobener bürgerlicher Kreise mit Artikeln aller Art macht es schwierig, reichen Freunden zum Fest eine Freude zu bereiten. Unsere heutigen Vorschläge beweisen jedoch, daß mit wenig Mitteln und liebevoller Überlegung auch bei wohlhabenden Menschen noch jene freudige Überraschung zu erzielen ist, die gerade in den Feiertagen das echte Anliegen jedes ernsthaften Lebenskünstlers sein muß.

Das abgebildete Kleinkind Sabine (4) fand zu den aufwendigen Gaben der Eltern keine innere Beziehung (A). Dagegen zauberte das Geschenk eines älteren Patenonkels, ein in letzter Minute eintreffender Edelstahlhammer, sofort den erhofften weihnachtlichen Glanz in Sabines Kinderaugen (B).

Durch den angeborenen Herzenstakt und die menschliche Güte eines
Handwerkers erfüllte sich der seit Monaten gehegte Lieblingswunsch
eines Dortmunder Warenhausbesitzers und seiner Gattin. In den
Abendstunden des 24. Dezembers begann Malermeister Paul E. Kuhn
mit der ersehnten Wohnungsrenovierung.

In begüterten Kreisen herrscht oft ein warmes Empfinden für die
leidende Tierwelt. Die Köchin des Frankfurter Industriellen-Ehepaa-
res Dietrich und Irmgard K. besann sich anläßlich des Weihnachts-
festes auf diesen Umstand und bereitete ihrer Herrschaft zum Abend-
essen am 1. Feiertag eine ungemein freudige Überraschung.

Wer gewohnt ist zu rechnen, bevorzugt das sensationelle Sonderangebot: Handgeflochtene Bast-Untersetzer mit künstlerisch eingearbeitetem Weihnachtsmotiv. Der Ladenpreis beträgt DM 18,50 pro Stück. Bei Abnahme von 2 500 Stück verringert sich der Einzelpreis auf DM 0,95. Hübsch vor dem Baum angeordnet, ist dieser Artikel ein stimmungsvoller Schmuck für jeden Gabentisch (Pfeil: der Weihnachtsbaum).

»... und schreiben Sie drauf: Erst Heiligabend öffnen!«

Einkauf in letzter Minute

Auch wenn der vorrätige Artikel nicht ganz Ihren Wünschen ent-
spricht, gilt es, rasch zuzugreifen, ehe Sie einen leeren Gabentisch
riskieren.

Nutzen Sie für Ihre Einkäufe die ruhige Geschäftszeit zwischen 8.00
Uhr abends und 5.00 Uhr morgens. Das überlastete Personal wird es
Ihnen danken.

Der Familienbenutzer

Meine Damen und Herren, gewiß, Heiligabend ist erst morgen, aber es kann immerhin nicht schaden, sich schon heute einmal ein paar Gedanken darüber zu machen, womit wir unseren Lieben aus Familie und Freundeskreis eine Freude machen könnten. In diesem Zusammenhang freuen wir uns, daß wir heute nachmittag Frau Direktor Bartels im Studio begrüßen konnten. Sie ist Alleinherstellerin eines neuartigen Geschenkartikels, der schon Ende dieser oder Anfang nächster Woche in allen einschlägigen Geschäften erhältlich sein dürfte. Chefreporter Kurt Rösner sprach mit ihr.

RÖSNER   Frau Direktor Bartels, Sie sind…

FRAU BARTELS   Ich leite *das* führende Unternehmen der Geschenkartikelbranche und habe mir die Frage gestellt, weiß *überhaupt* jemand, was er seinen Lieben auf den Gabentisch legen soll? Niemand weiß das, gell?

RÖSNER   Hm… hm… und da haben Sie einen…

FRAU BARTELS   Da habe ich *den* Bartelsschen-Familien-Original-Benutzer herausgebracht, gell? Für den Herrn, für die Dame, für das Kind, gell?

RÖSNER   Ah-ja… famos, wirklich wunderhübsch, gnä Frau… und was kann man, wie soll man… ich meine, wozu… äh…

FRAU BARTELS   Bitte?

RÖSNER	Ich meine, wie benutzt man den... äh... Familien-verwender?
FRAU BARTELS	Familien-Benutzer, Herr Rösner... Familien-Original-Benutzer... gell?
RÖSNER	Ah-ja... Original-Familien-äh...
FRAU BARTELS	Es ist ein Artikel, der schon durch seine gefällige Form anspricht, gell? Er ist formschön, wetterfest, geräuschlos, hautfreundlich, pflegeleicht, völlig zweckfrei und – gegen Aufpreis – auch entnehmbar. Ein Geschenk, das Freude macht, für den Herrn, für die Dame, für das Kind, gell?
RÖSNER	Soso... Er ist also im weitesten Sinne als Familien-Gebraucher...
FRAU BARTELS	Benutzer!... Familien-Benutzer... das sagte ich Ihnen doch schon, gell?
RÖSNER	Ich wollte ja auch eben sagen, man benutzt den Familien-Verwender weniger als Gebrauchs...
FRAU BARTELS	Sie sollen den Familien-Benutzer als Benutzer gebrauchen... mein Gott, drücke ich mich denn so undeutlich aus...
RÖSNER	Ich fragte ja auch nur, ob die Benutzung des Familien-Verw... äh... die Verwendung des Familien-Benutzers nur für den Familiengebrauch oder....
FRAU BARTELS	Was?
RÖSNER	(schweigt irritiert – dann ganz ruhig) Ob Sie den Familien-Original-Benutzer nur als Familien-Benutzer benutzen, oder ob beispielsweise auch im Freundeskreis ein Gebrauch des Benutzers...
FRAU BARTELS	Herr Rösner, ich befinde mich in einer Anstalt des öffentlichen Rechts und lasse mich nicht in dieser Weise von Ihnen provozieren, gell?... Um es noch einmal in aller Deutlichkeit zu wiederholen: Jeder halbwegs gebildete Mensch kann den Familien-Original-Verwutzer bewenden, aber nicht als Bewender verwutzen, gell?
RÖSNER	Ah, ja... vielen Dank, Frau Direktor Bartels.
FRAU BARTELS	Bitte... bitte...

SILVESTER

Also, Hermann, du kannst dich über das alte Jahr nun wirklich nicht beklagen. Als die Waschmaschine kaputtging, waren wir sehr froh, daß wir uns endlich eine neue anschaffen konnten. Und wenn mir der Fernsehapparat nicht runtergefallen wäre, hätten wir heute immer noch kein Farbgerät.

Dann haben wir auch für den Mercedes sehr günstige Abzahlungsbedingungen bekommen, bloß weil ich mit dem Vertreter die zwei Wochen nach Paris gefahren bin.

Und es war ja ein Glück, daß dir der Führerschein für zwei Jahre entzogen worden ist. Jetzt trinkst du wenigstens nicht mehr, und ich brauche den Wagen sowieso dauernd, wenn ich zum Reiten muß oder in den Tanzkurs.

Und stell dir bitte vor, *ich* hätte das Magengeschwür bekommen und nicht du! Wer hätte wohl die ganzen Stellungsgesuche schreiben sollen, seit du Pleite gemacht hast!

Und außerdem hat deine Frau in die Scheidung eingewilligt, und wir können jetzt endlich heiraten. Ich weiß wirklich nicht, was du hast.

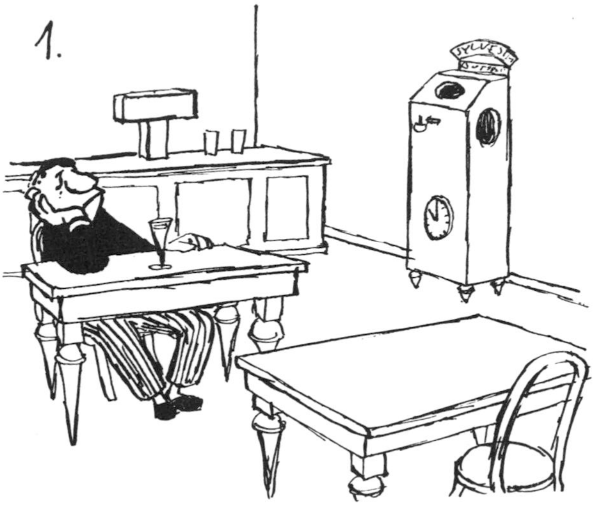
1.

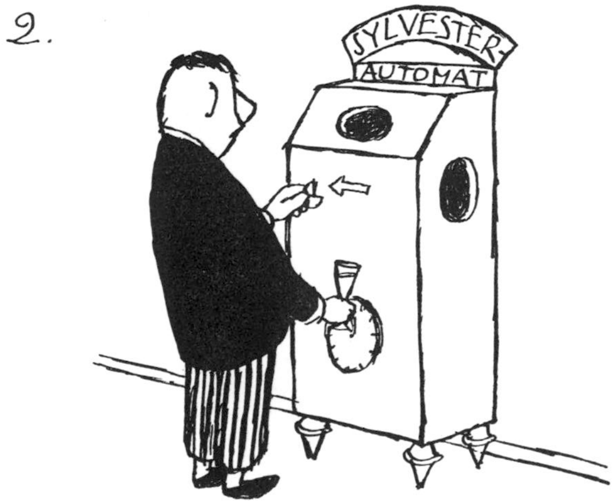
2.
SYLVESTER
AUTOMAT

3.

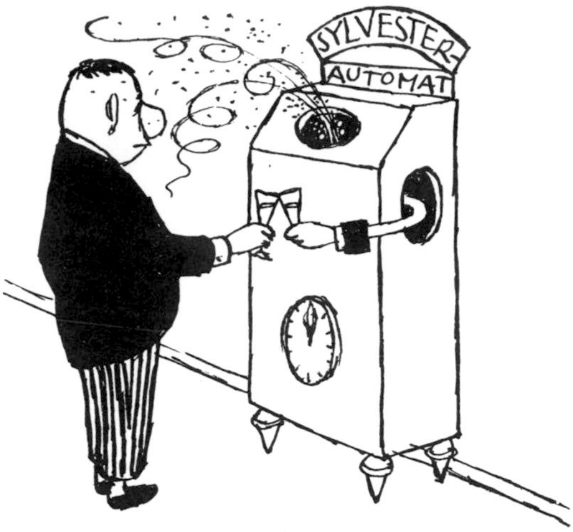
SYLVESTER-
AUTOMAT

4.

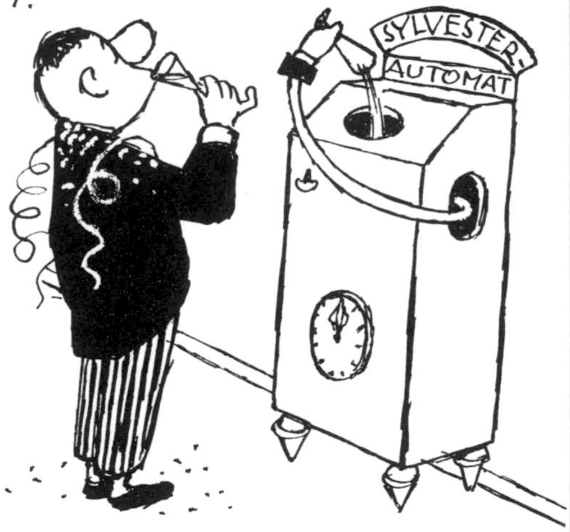
SYLVESTER-
AUTOMAT

5.

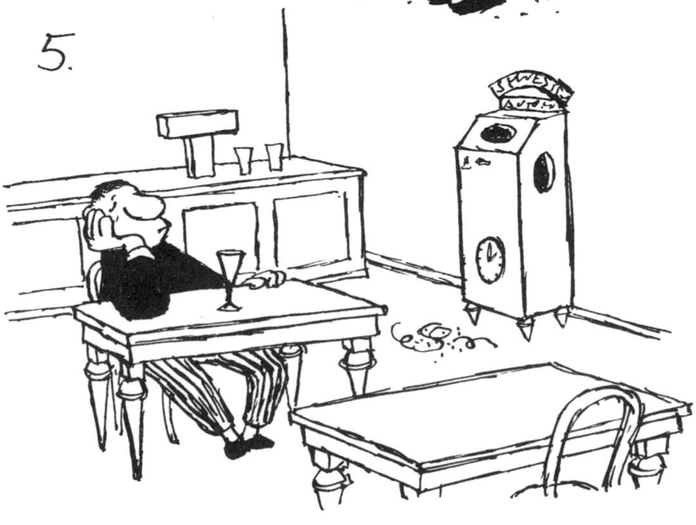

AUF
BERUFLICHER
EBENE

INNERBETRIEBLICH

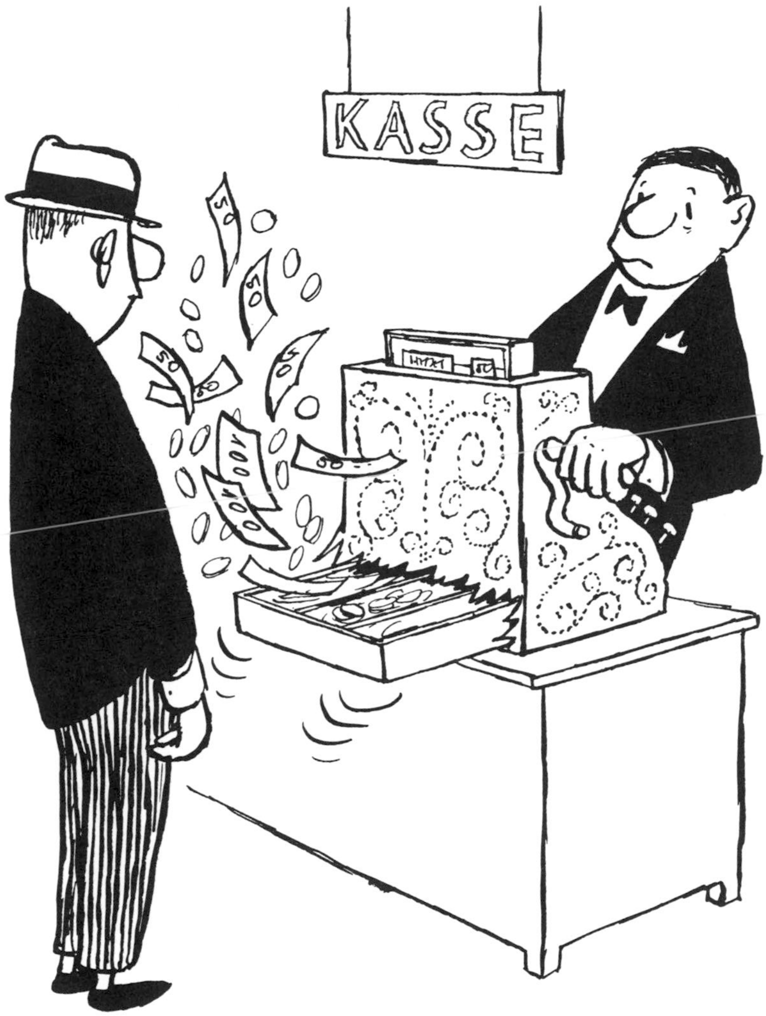
KASSE

Am Arbeitsplatz

An Ihrer Arbeitsstätte machen Sie durch neuartige Bearbeitung des trockenen Aktenmaterials aus zähflüssiger Bürozeit angenehme Stunden dienstlicher Kurzweil.

Humor sollte im Büro nicht zu kurz kommen. Während jedoch der rechts gezeigte Angestellte es an der nötigen Feinfühligkeit fehlen läßt, verhält sich der Angestellte links im Bilde richtig. Er erheitert, ohne zu verletzen.

Männer können es noch nicht verkraften, daß jeder dritte Arbeits-
platz heute von einer Frau besetzt ist.

Betriebsausflug

Unmäßiges Trinken vor den Augen des Vorgesetzten schadet der Karriere (links). Dagegen trägt eine kleine Neckerei zur Stimmung bei und belebt den Kontakt zwischen Chef und Angestellten (rechts).

Auch beim beschwingten Ausklang des Betriebsausflugs sind die Formen zu wahren. Hier heißt es: »Darf ich Herrn Direktor um den nächsten Tanz bitten?«

KORRESPONDENZ

Guter Briefstil will erarbeitet sein. Nur durch regelmäßige Lektüre verschiedener Privat- und Geschäftskorrespondenzen gelingt die Vervollkommnung der eigenen schriftlichen Ausdrucksform.

Diskretion ist das vornehmste Merkmal jeder gepflegten Korrespondenz. Die Niederschrift einer Bewerbung mit Lebenslauf unterscheidet sich allerdings geringfügig von dem vertraulichen Schreiben an die ferne Freundin.

Die Beantwortung eines ebenso wichtigen wie unerfreulichen Geschäftsbriefes erfolgt sicherheitshalber unter Aussparung der Bundespost in direktem Kontakt.

IM
AUSSENDIENST

Wichtig für den Verkaufserfolg ist das Angebot im richtigen Moment. Der abgebildete Textilkaufmann hat durch ein taktisches System seine Artikel zu einem Verkaufsschlager gemacht.

Für Vertreter von Buchgemeinschaften und anderen Industrie-Unternehmen ist menschlicher Kontakt die Wiege des Erfolges. Jedoch sind nur einsatzfreudige Naturen den Anforderungen der ambulanten Verkaufstätigkeit auf die Dauer gewachsen.

Trotz starker beruflicher Inanspruchnahme erscheint die zwischenmenschliche Kontaktpflege niedersächsischer Waldarbeiter ebenso zweckmäßig wie natürlich.

Für Männer der Tat bilden Verbots-Schilder willkommene Anlässe zu kraftvoller Bestätigung ihrer Persönlichkeit. Auch Ihnen kann sich so ein Weg nach oben öffnen.

Sie arbeitet mit, weil das Einkommen ihres Mannes nicht ausreicht.

Jugendliche können auch ohne Abitur glücklich werden.

Dieses Erlebnis zwang einen Onkel von mir (mit Maske), sich vom Berufsleben zurückzuziehen. Er ist seither pensioniert und veranstaltet in einer westdeutschen Kleinstadt Diskussionsabende.

3

4

UNIFORMIERT

Feuerwehr

1

2

3

Monarchen

1

2

3

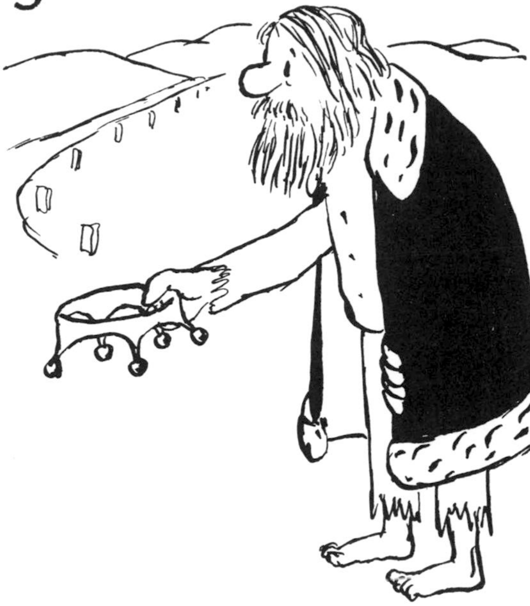

4

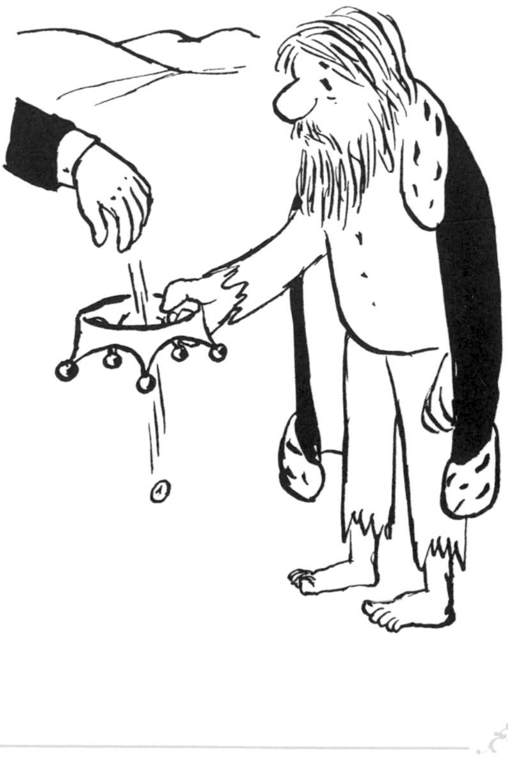

Bundesbahn

»... sowie 'ne Weiche kommt, biege ich ab.«

»Ich *hasse* Sackbahnhöfe!«

Luftwaffe

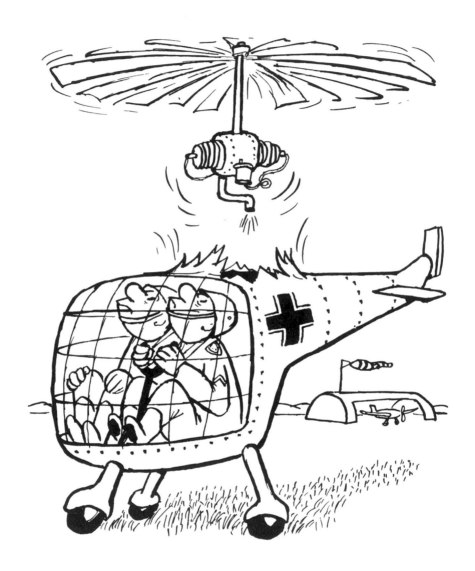

Infanterie

1
2
3
4
5

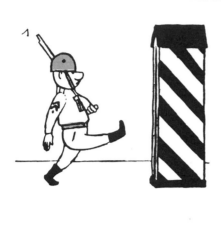

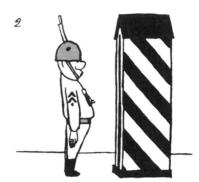

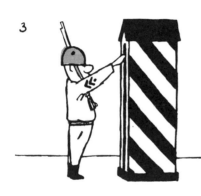

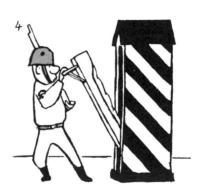

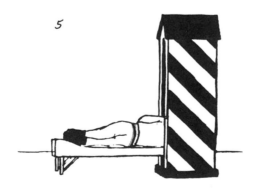

Artillerie

1

2

3

POLITIK

DIE NUDELKRISE

Im Rahmen der EWG-Verhandlungen haben sich auf dem Gebiet der Teig-warenproduktion zwischen Deutschland und Frankreich schwerwiegende Dif-ferenzen ergeben. Um einem endgültigen Scheitern der Gespräche zuvorzu-kommen, hat vor drei Tagen eine erregte Bundestagsdebatte stattgefunden. Herr Ministerialdirigent Dr. Walter Klöbitz vom Bundeswirtschaftsmini-sterium erörterte die Frage ›Gefährdet die deutsche Nudel den Zusammenhalt der Europäischen Wirtschaftsgemeinschaft?‹

Herr Präsident, meine sehr verehrten Damen und Herren,
die deutsche Nudel *(Beifall)* ... die deutsche Nudel ist in den Mittel-punkt des Weltinteresses gerückt, seit die Bundesrepublik mehr Roh-nudelmasse vernudelt als England und Frankreich zusammen. In der bevorstehenden Ministerratssitzung der Europäischen Wirtschafts-gemeinschaft muß sich die qualitative Überlegenheit der deutschen Breitbandnudel erweisen, oder wir gehen einer Nudelkrise unvorstell-baren Ausmaßes entgegen *(Beifall)*.

In diesem Zusammenhang bringe ich mein Bedauern über eine Pressemeldung zum Ausdruck. Ich habe in meinem letzten Gespräch mit dem französischen Staatspräsidenten nichts geäußert von einem breiten Angebot an unzureichenden Nudeln, sondern von einem unzureichenden Angebot an breiten Nudeln.

Es ist beschämend, daß gerade die linksintellektuelle studentische Jugend an der Nudelfrage völlig vorbeidiskutiert. Weiß man denn in Kommunardenkreisen überhaupt, welche entscheidende Rolle die Krausbandnudel im politischen Bewußtsein des deutschen Volkes spielt? Das linksintellektuelle Unbehagen an der stürmischen Entwicklung der deutschen Teigwarenindustrie *(Beifall)* kann uns nicht hindern, in der Arbeit fortzufahren, unbeirrt, nüchtern und nudelbewußt.

In diesen Tagen wird sich entscheiden, ob die Koalition an der Nudel zerbricht, oder ob sich neue gemeinsame Impulse an ihr entzünden. Ich kenne keine linke und keine rechte Nudel – *(Beifall)* es gibt nur eine – deutsche – Nudel! *(anhaltender Beifall)*.

SCHNITTBOHNEN

Die Diskussion um das Ausfuhrverbot von Schnittbohnen in Länder außerhalb der Europäischen Wirtschaftsgemeinschaft hat in den letzten Tagen Ausmaße angenommen, die in der Öffentlichkeit zu Unruhe und Verwirrung geführt haben. Auch die Presse hat kaum zur Klärung des komplizierten Sachverhaltes beigetragen. Wir haben deshalb heute die maßgeblichen Agrarexperten von Regierung und Opposition zu einem Gespräch ins Studio gebeten. Die folgende Diskussion bietet endlich Gelegenheit, sich auf Grund der Argumente von Fachleuten ein eigenes Urteil über die leidige Schnittbohnenaffäre zu bilden. Diskussionsleiter ist Paul-Gustav Untermann.

DISKUSSIONSLEITER Ich begrüße im Studio Herrn Doktor – äh –
DR. BORST Borst.
DISKUSSIONSLEITER ...Borst und Herrn Hans-Friedrich Claassen. Vielleicht beginnen Sie, Herr – äh, Doktor Borst. Sie hatten ja damals im Bundestag die Schnittbohnenfrage angeschnitten – äh – angefragt und behauptet...

DR. BORST	Ich habe gar nichts behauptet.
HERR CLAASSEN	Na, hören Sie mal – Sie haben doch...
DR. BORST	Lassen Sie mich jetzt ausreden...
HERR CLAASSEN	Ich habe...
DR. BORST	Sie haben sich im Bundestag zwei Stunden über den Speisequark-Einfuhrstop ausgelassen, ohne ein einziges Mal...
HERR CLAASSEN	Das gehört nicht hierher...
DR. BORST	Jedenfalls habe ich nicht behauptet...
HERR CLAASSEN	Aber Sie können doch nicht bestreiten...
DR. BORST	Aha!
HERR CLAASSEN	Sie können doch nicht bestreiten...
DR. BORST	Was wollen Sie damit sagen?
HERR CLAASSEN	Drücke ich mich denn so undeutlich aus?
DR. BORST	Ich kann Ihnen nicht folgen...
HERR CLAASSEN	Geben Sie es doch zu...
DR. BORST	Ich werde...
HERR CLAASSEN	Geben Sie es doch zu...
DR. BORST	Ich werde...
HERR CLAASSEN	Geben Sie es doch zu...
DR. BORST	Was?
HERR CLAASSEN	*Ja* – daß – der – daß Sie – dem – äh –
DR. BORST	Na!
HERR CLAASSEN	Danke – das genügt!
DR. BORST	Mir nicht. Die Schnittbohne als solche steht über jeder parteipolitischen...
HERR CLAASSEN	Oho – oho!
DR. BORST	Unterbrechen Sie mich nicht...
DISKUSSIONSLEITER	Jetzt möchte ich...
HERR CLAASSEN	Ich habe Sie nicht unterbrochen, ich wiederhole nur, was ich bereits wiederholt im Bundestag...
DR. BORST	Aha – aha!
HERR CLAASSEN	Nicht wahr...
DISKUSSIONSLEITER	Jetzt möchte ich...
HERR CLAASSEN	Nicht wahr...
DR. BORST	Sie verstehen doch wohl...
HERR CLAASSEN	Das haben *Sie* gesagt! – Nicht wahr –

DR. BORST	Jawohl – und es wird Sie interessieren…
DISKUSSIONSLEITER	Jetzt möchte ich…
DR. BORST	…
HERR CLAASSEN	…
DISKUSSIONSLEITER	Aber ich möchte Sie nicht unterbrechen.
HERR CLAASSEN	Wen – wo – wird *was* interessieren?
DR. BORST	Es wird die Öffentlichkeit interessieren, was Sie und Ihre Fraktion…
HERR CLAASSEN	Hmhm – hmhm…
DR. BORST	… unter der Verlautbarung römisch vier Strich zwo, Ziffer 394 bis 98 des Ministerrats vom 28. 9. 1967 bezüglich der Ergänzungsklausel ›Frischgemüse‹ verstanden haben!
HERR CLAASSEN	Wo waren Sie denn während der Debatte über Vereinheitlichung der allgemeinen Bestimmungen bezüglich Steuererleichterungen für Kleinerlöse aus mittelbetrieblichen Agrarabfällen, Herr – Borst!?
DR. BORST	Sie haben meine Frage nicht beantwortet…
HERR CLAASSEN	Wo waren Sie da?
DR. BORST	Sie haben meine Frage nicht beantwortet!
HERR CLAASSEN	Wo waren Sie da?
DISKUSSIONSLEITER	Meine Damen und Herren, unsere Zeit geht zu Ende. Lassen Sie uns resümieren. *Ist* durch das Schnittbohnenproblem der Parlamentarismus in der Bundesrepublik unglaubwürdig geworden oder nicht? Ja oder nein? Oder wie oder was?
DR. BORST *und* HERR CLAASSEN *gleichzeitig*	Ich stelle fest, daß Sie in allen entscheidenden Punkten meine Fragen nicht beantwortet haben. Diese Methode ist bezeichnend für die undurchsichtigen Machenschaften Ihrer abgewirtschafteten Partei. Ihre unsaubere Argumentation ist eine Belastung für das Ansehen des Bundestages, und ich verweise in diesem Zusammenhang noch einmal auf Ihre beschissene Manipulierung der Ergänzungsklausel ›Frischgemüse‹.

DISKUSSIONSLEITER Vielen Dank – dieses Gespräch hat die aufgeworfenen Fragen zwar noch nicht eindeutig beantwortet, aber man kann doch sagen – mit gewisser – äh – mit gewisser Sicherheit – äh – Guten Abend.

HUMOR
UND
WIRTSCHAFTSKRISE

Ein Kommentar von
Professor Klaus-Günther Weber

Meine Damen und Herren,

es muß in der Bundesrepublik bestürzen, daß der deutsche Humor, als Qualitätserzeugnis einst auf dem Weltmarkt führend, heute kaum 0,02 Prozent der Exportquote ausmacht – aber trägt hieran allein der Bandeskunz – Entschuldigung – der Bundeskanzler Schuld...?

Wo liegt noch die Garantie für eine gesunde Wachstumsrate des Humorprodukts, wenn laut Statistik jede neunte norddeutsche Hausfrau mehrfach täglich über zweitklassige, teils anstößige Witze lacht? 18,6prozentige Steigerung des Humorkonsums in Baden-Württemberg, 21,2 Prozent in Rheinland-Pfalz gegenüber 1928 – – und in dieser Zahl sind Witze über sexuelle Dinge und die Berliner Mauer nicht mit einbegriffen.

Nicht zuletzt auch besteht die Regierung der Vereinigten Staaten im laufenden Wirtschaftsjahr auf der Abnahme von rund 3800 veralteten US-Witzen. Die Last trägt der Steuerzahler...

So – meine Damen und Herren – kann und darf es nicht weitergehen.

Nichts gegen ein gelegentliches Lächeln im engsten Kreise – aber wenn in einem führenden Unternehmen der Stuttgarter Damenoberbekleidung allein im Monat Januar nachweislich 286 Witze – von denen man nicht einmal weiß, ob und inwieweit – falls der Aufsichtsrat – der seinerseits ja zwischenzeitlich der Gewerkschaft – auch durch den Betriebsrat innerbetrieblich informiert – – – hätten – müssen – sollen – äh – könnten – wissen müssen –

Guten Abend – – –

DER STAATSMANN

Der Ruf wurde immer lauter nach einem Mann, der das Vertrauen von Regie-
rung und Opposition genießt, nach einem Mann ohne Feinde. Dieser Mann ist
gefunden – Otto Bollmann. Heute nachmittag um 14 Uhr hat ihm der Bundestag
sein Vertrauen ausgesprochen und ihn beauftragt, sämtliche Regierungen der
Welt aufzusuchen, um die Lösung aller als hoffnungslos verfahren geltenden
Probleme in die Hand zu nehmen. Kurt Rösner gelang das einzige Interview
vor dem Abflug des Staatsmannes in Köln-Wahn.

RÖSNER   Herr Bollmann, Ihre Reise ist von entscheidender Bedeu-
             tung für die Lösung aller Probleme der Welt. Wo führen
             Sie das erste Gespräch?

BOLLMANN Jawohl – ja.

RÖSNER   Aha. Und wohin fliegen Sie zunächst?

BOLLMANN Ich fliege zunächst nach äh, nach, nach Dings äh…

RÖSNER   Aha. Und Sie sprechen dort mit wichtigen…

BOLLMANN *(winkt Bekannten zu)* Huuh-hu…

RÖSNER   …sprechen dort mit wichtigen Persönlichkeiten?

BOLLMANN Ich konferiere persönlich mit dem Präsidenten der Ver-
             einigten Staaten, mit Präsident…äh… mit äh… na!

RÖSNER   Mit…

BOLLMANN Nicht sagen... mit .... äh .... ich weiß schon... mit äh...

RÖSNER Und das Thema, ich meine, worüber sprechen Sie – worüber – sozusagen...

BOLLMANN Er fängt mit › N ‹ an...

RÖSNER Wieso?

BOLLMANN Nixon, Nixon heißt er... Ich weiß es genau...

RÖSNER Aha.

BOLLMANN Nixon... Nixon...

RÖSNER Aha.

BOLLMANN Nixon!

RÖSNER Und worüber...?

BOLLMANN *(winkt Bekannten zu)* Huuh-hu!

RÖSNER Und worüber konferieren Sie?

BOLLMANN Über die entscheidenden Probleme der Weltpolitik, nicht wahr.

RÖSNER Aha, aha.

BOLLMANN Ich soll dort Herrn Nixon mal ordentlich... in netter Form natürlich...

RÖSNER Natürlich...

BOLLMANN Natürlich... Und dann fahre ich zur Königin Elisabeth...

RÖSNER Ist es die Möglichkeit!

BOLLMANN .... und zu ihrem Gatten, Herrn Heath...

RÖSNER Phantastisch! Und wer hat Sie...?

BOLLMANN Meine Gattin hofft zum Beispiel...

RÖSNER Wer hat Sie mit dieser...

BOLLMANN Meine Gattin...

RÖSNER ...mit dieser Mission...

BOLLMANN Ich sagte, daß meine Gattin...

RÖSNER Ich meine, wer hat Sie mit dieser schweren, weltweiten Mission betraut?

BOLLMANN Die Vereinten Nationen, der Bundeskanzler und der Vorsitzende der CDU/CSU-Fraktion, mein lieber Freund Reinhard Brazel...

RÖSNER Barzel!

BOLLMANN Brazel oder Barzel – ich werde das feststellen lassen...

RÖSNER Aber wenn es ein Freund...

BOLLMANN Herr Rösner, ich habe mehr als 12 000 engste Freunde in aller Welt und kann mir nicht jeden Namen, nicht wahr...

RÖSNER Das ist Ihr Bier, Herr...äh...

BOLLMANN Bollmann.

DAS
KRAFTFAHRZEUG

DER MANN
IM ZEITALTER
DES STRASSENVERKEHRS

Ein anspruchsvolles Fahrzeug hebt die Bedeutung Ihrer Persönlichkeit.

Mindestens 98 Prozent der Männer halten sich für ausgezeichnete und begabte Autofahrer.

Wenn Jürgen in sein Auto steigt, geht eine seltsame Verwandlung mit ihm vor.

1

2

3

Nervöse Schlafstörungen sind häufig die Folge der zunehmenden Verkehrsdichte. Bis 1000 zählen und an eine Schafherde denken.

Bei vernünftiger Einstellung zum eigenen Wagen wird in Zukunft von allen Automobilfirmen gleichbleibende Reisegeschwindigkeit bei sauberstem Motor garantiert.

Herr Watenstedt (links) kam zwar von rechts, aber nach der neuen
Straßenverkehrsordnung haben dienstags zwischen 10.00 und 17.00
Uhr auch von links kommende Känguruhs Vorfahrt.

Nach Überfahren eines Rotlichts gelang es Herrn Schulte nur durch den selbstlosen Einsatz seines Goldhamsters ›Emil‹ (Pfeil), einer motorisierten Polizeistreife zu entkommen.

Auch perfekten Automobilisten entkommen gelegentlich noch einzelne Fußgänger. Ein süddeutscher Automobilclub erprobt zur Zeit ein neuartiges System, dem selbst flinke Straßenpassanten auf die Dauer nicht gewachsen sind.

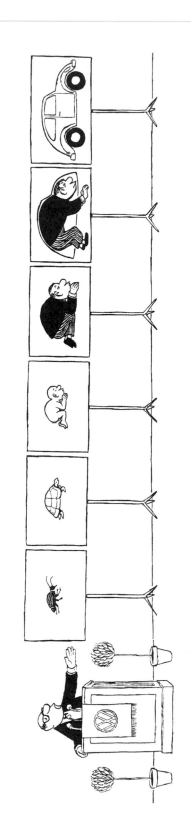

»Meine Damen und Herren, hiermit weihen wir Sie in das Entwicklungsgeheimnis unseres Welterfolgs ein...«

1.

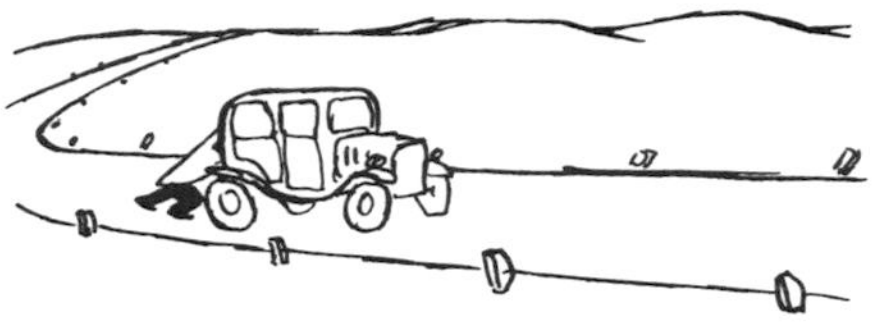

2

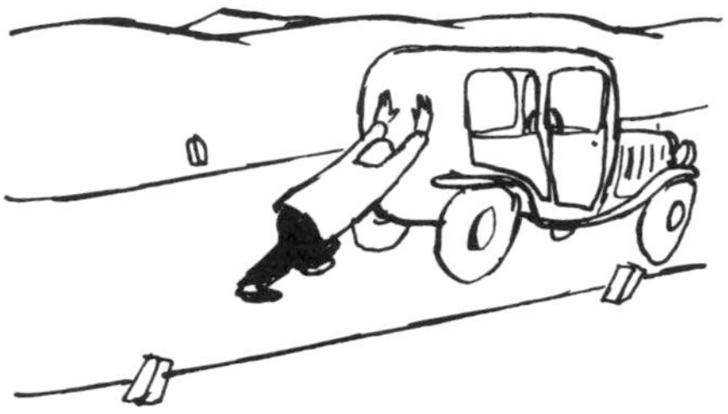

3

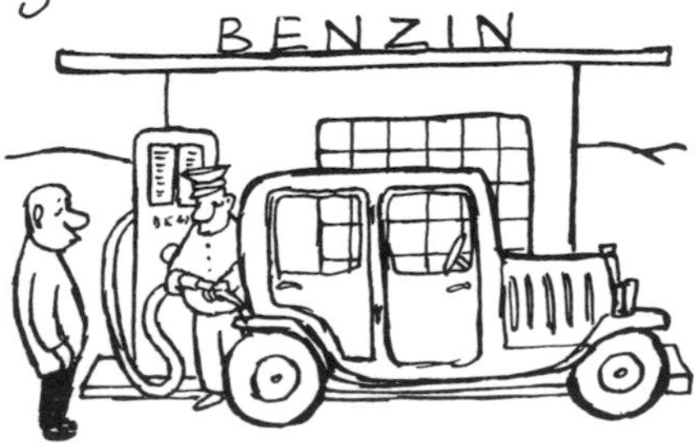
BENZIN

4

BENZIN

5

ENZIN

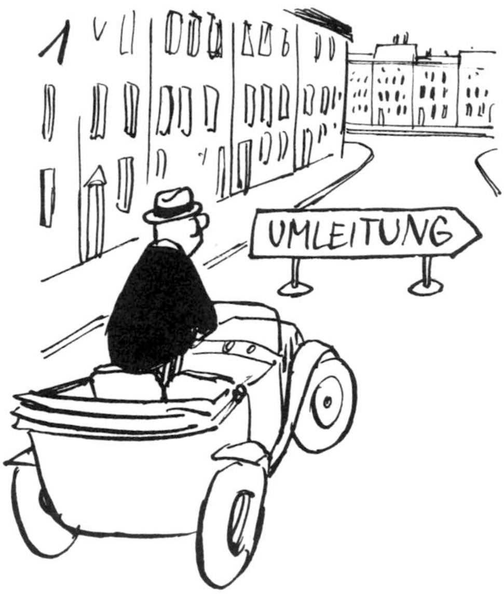
1
UMLEITUNG

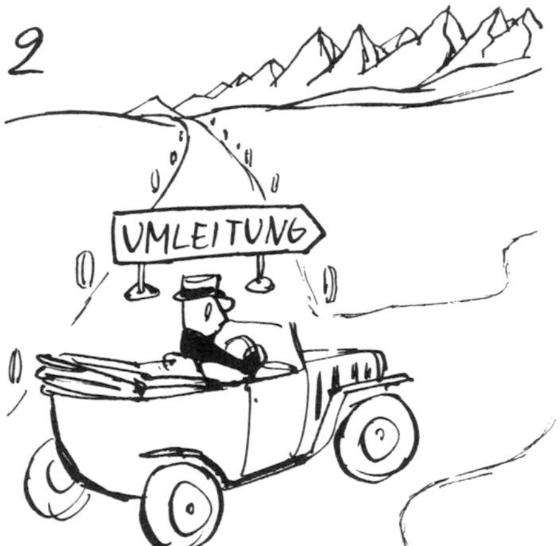
2
UMLEITUNG

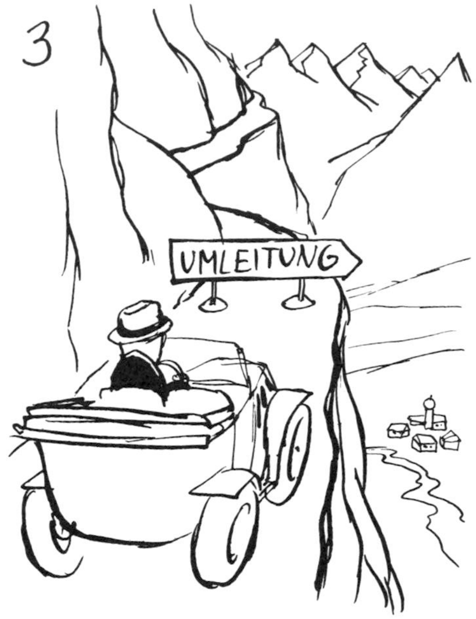
3
UMLEITUNG

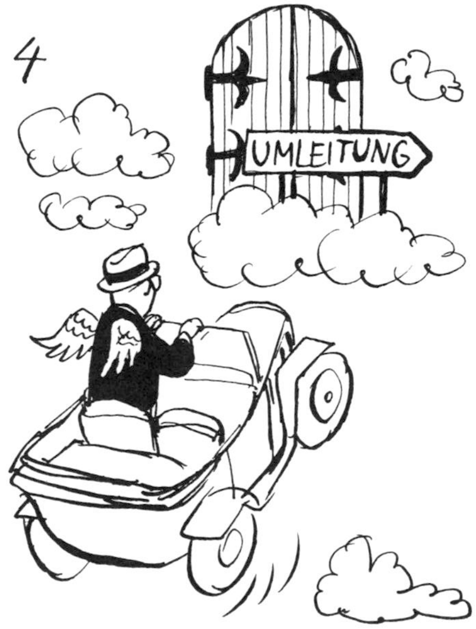
4
UMLEITUNG

GEBRAUCHTWAGENHÄNDLER
WILLI K.

Willi K.: »*Vertrauen ist die Grundlage des Gebrauchtwagenhandels.*«

»Selbstverständlich sind alle unsere Modelle jederzeit fahrbereit.«

»Und schreien Sie nicht immer gleich ›aua‹, wenn ich bei der Probefahrt aufs Gaspedal trete.«

FRAU
UND FAHRZEUG

Im Verkehr sind Frauen weniger bereit, ein Risiko einzugehen.

»Ist mein Lippenstift da unten?«

Kavaliere der Straße halten unaufgefordert bei liegengebliebenen weiblichen Automobilisten, um Motordefekte zu beseitigen, auch wenn sie in technischen Dingen nur oberflächliche Kenntnisse besitzen.

Der ›Zweitwagen‹ als Ausdruck finanziellen Überflusses sollte der
Vergangenheit angehören. Die Anschaffung eines Reitpferdes für
Gattin und Hausangestellte zur Erleichterung kleinerer Einkäufe beweist nicht nur den Wunsch nach einfachem Leben und Abkehr von
ungesunder Natur-Entfremdung: Günstige Verkehrseigenschaften
lassen besonders in Stoßzeiten das Pferd als ideales Beförderungs-
mittel erscheinen.

DER NEUE 1500 TM

Ein Verkaufsschlager der
Internationalen Automobilausstellung
in Frankfurt a. M.

Mein Herr, abgesehen von der unauffälligen Eleganz ist der 1500 TM
rein technisch gesehen ein Automobil für dynamische Menschen, die
den Blick auf das 21. Jahrhundert gerichtet haben. Der geruchsarme
4,5-Zylinder-$^3/_4$-Takt-Motor aus handgetriebenem Silberamalgam
wiegt, unfrisiert, nur 950 Gramm. Das ist nicht viel, wenn Sie beden-
ken, daß der Hubraum zwei großen Koffern und einer kompletten
Campingausrüstung für vier Personen Platz bietet.

Mit Rücksicht auf Kinder und Jugendliche geben wir keine Einzelheiten über das Verdichtungsverhältnis bekannt. Jedenfalls ist die
bisher fünffach gelagerte Kurbelwelle nun herausnehmbar, und Sie
können sie lagern, so oft und wo auch immer Sie wollen. Vorn und
hinten je zwei doppeltkohlensaure Hydrostabilisatoren von insge-

samt zwölf querliegenden, jedoch einzeln aufgehängten Drehstab-Teleskop-Stoßverstärkern in kurzhubigem Mc-Gregor-Federbein-System garantieren die Straßenoberflächentreue des Fahrgestells, verstehen Sie: Schlagloch bleibt Schlagloch.

Der 1500 TM läßt sich infolge der drehfreien Zahnstangenlenkung mit Servounterstützung mühelos aus jeder Kurve tragen. Sie können die Höchstgeschwindigkeit auch in kritischen Situationen voll ausfahren. Bei Aufprall auf harte Gegenstände zerlegt sich das Fahrzeug in aseptische Einzelteile von Erbsengröße. – Eine Probefahrt wird Sie überzeugen.

ZARTE
BEZIEHUNGEN

ERSTE LIEBE

Wenn ich mein erstes Lebensjahr nach Liebesdingen abtaste, stoße ich auf nichts, was dienlich wäre. Vielleicht habe ich einschlägige Erlebnisse aus Reue oder falscher Scham verdrängt. Aber da ich fülligen Blondinen seinerzeit nur in ausschweifender Ernährungsabsicht nachzustarren pflegte, ist anzunehmen, daß ein bis zwei der goldenen zwanziger Jahre erotisch ungenutzt an mir vorüberstrichen.

Vom männlichen Standpunkt betrachtet, zeigte ich mich schon anläßlich meiner Taufe von einer beklagenswert unergiebigen Seite. Damals beabsichtigte noch ein weiterer, mir unbekannter weiblicher Säugling, sich am selben Tage taufen zu lassen. Kirchlicherseits war man auf diesen Andrang offensichtlich weder räumlich noch moralisch vorbereitet, denn wir wurden bis zum Beginn der Feierlichkeiten abseits in einen gemeinsamen Wagen gebettet. Für Säuglinge von heute unbegreiflich: ich mißachtete die Gunst der Stunde. Es ist immerhin möglich, daß mich der mangelnde Liebreiz meiner Partnerin oder die Würde des Ortes schreckte. Ich fürchte jedoch, mein damaliges Versagen beruhte auf reiner Prüderie. Der Ballast überalteter abendländischer Erziehungskonventionen mag dabei eine Rolle gespielt haben. Leider wurde mir im Arrangieren ähnlicher Situationen bis heute kein kirchlicher Beistand mehr zuteil, womit der modernen Seelsorge natürlich kein Vorwurf gemacht werden soll.

Vom Zeitpunkt meiner Taufe bis zu jenem Ereignis, das erste amouröse Züge trägt, vergingen sieben Jahre. Ich befand mich, um den zermürbenden geistigen und körperlichen Anforderungen des zweiten Schuljahres weiterhin gewachsen zu bleiben, in einem Kinderheim an der Ostsee. Die Anwesenheit von mehreren Mädchen im Alter zwischen fünf und acht Jahren verlieh der Atmosphäre des Hauses etwas unerwartet Prickelndes. Durch gänzliches Fehlen leiblicher Schwestern und täglichen Besuch einer ahnungslosen Knabenschule war mir das weibliche Geschlecht im passenden Alter weithin unbekannt. Bei einem der häufigen Aufenthalte am Strand hob sich

mein Blick von unschuldiger Sandbäckerei und blieb an einer sieben-
jährigen Heiminsassin haften, die sich ihrer nassen Badehose zwar
sittsam unter dem Bademantel entledigt, letzteren zu schließen aber
verabsäumt hatte. In unbewegter Blöße musterte sie Horizont und
Wellenspiel. Ich war mir der ungeheuren Bedeutung des Augenblicks
bewußt. Denn, so schloß ich, um auch nur einmal im Leben ein
Mädchen unbekleidet zu sehen, bedarf es einer Zufallskette, deren
Zustandekommen nach menschlichem Ermessen mindestens zweifel-
haft, wenn nicht unmöglich erscheinen muß. Die Gewißheit, inner-
halb der männlichen Welt nun zu einer sicher kleinen Gruppe von
Glückspilzen zu gehören, bewirkte ein kurzes, dumpfes Gefühl der
Zuneigung. Der Bademantel schloß bald wieder korrekt, die Erb-
sünde aber hatte ihr Haupt erhoben.
Nach dieser noch sehr im Irdisch-Fleischlichen befangenen Erfahrung
läuterte ich mich der entscheidenden geistigen Phase meines er-
wachenden Liebeslebens entgegen. Zu Beginn des dritten Grund-
schuljahres erschien mir nämlich im Traum ein Huhn, weiß, mittel-
groß und von ungewöhnlich sanfter Wesensart. Eigentlich ging es
nur schweigend auf und ab oder saß versonnen neben mir, aber
ich fühlte, ein Weiterleben ohne Huhn würde sinnentleert und freud-
los sein. Mit Anbruch des Tages verließ mich meine erste große Liebe,
um düsterer Verzweiflung Raum zu geben.

Nutzlos blieb jahrelange Hühnersuche. Es zeigte sich, daß keines
der vielen gebildeten, formschönen Hühner mit dem verlorenen zu
vergleichen war.

DER FLIRT

Der virtuose Meister des Flirts findet stets das richtige Wort zur richtigen Zeit. Hier: »Hat Ihnen schon mal jemand gesagt, was für schöne braune Augen Sie haben?«

Das Auto allein macht es nicht.

Fräulein Emmi S. wäre unglücklich, wenn die Männer ihren Busen ignorieren würden.

Bei Playboys kommt es häufig mehr auf Quantität als auf Qualität an.

Männer lieben keine klugen Frauen.

»Mit dir kann man am Wochenende so schön den ganzen Alltags-
kram vergessen...«

»Was haben wir denn falsch gemacht?«

»Für Sie bin ich immer noch die Gnädige Frau! Merken Sie sich das!«

Zum Ausklang des Flirts empfiehlt sich ein hübscher Blumenstrauß entsprechender Größe. Er fällt bescheidener aus nach Beendigung einer kurzen Beziehung (A), aufwendiger nach einem Flirt von längerer Dauer (B).

LIEBE IM FREIEN

Nur im Schoß der Natur entwickeln moderne Menschen jene saubere erotische Gelöstheit, die als Voraussetzung für jede intime Beziehung angesehen werden muß.

Die Erregung öffentlichen Ärgernisses durch Zärtlichkeiten im Freien (A) kann ohne Aufgabe enger körperlicher Beziehungen mühelos vermieden werden (B).

Die pflegeleichte Lebensgefährtin aus hautfreundlichem Polyvinyl-
chlorid bietet außer zeitgemäßem Liebesspiel (A) auch andere Möglichkeiten naturnaher Freizeitgestaltung (B).

Besonders für Höhepunkte im Zusammenklang von Liebes- und Naturleben gilt der Grundsatz: aufhören, wenn es am schönsten ist.

EHE

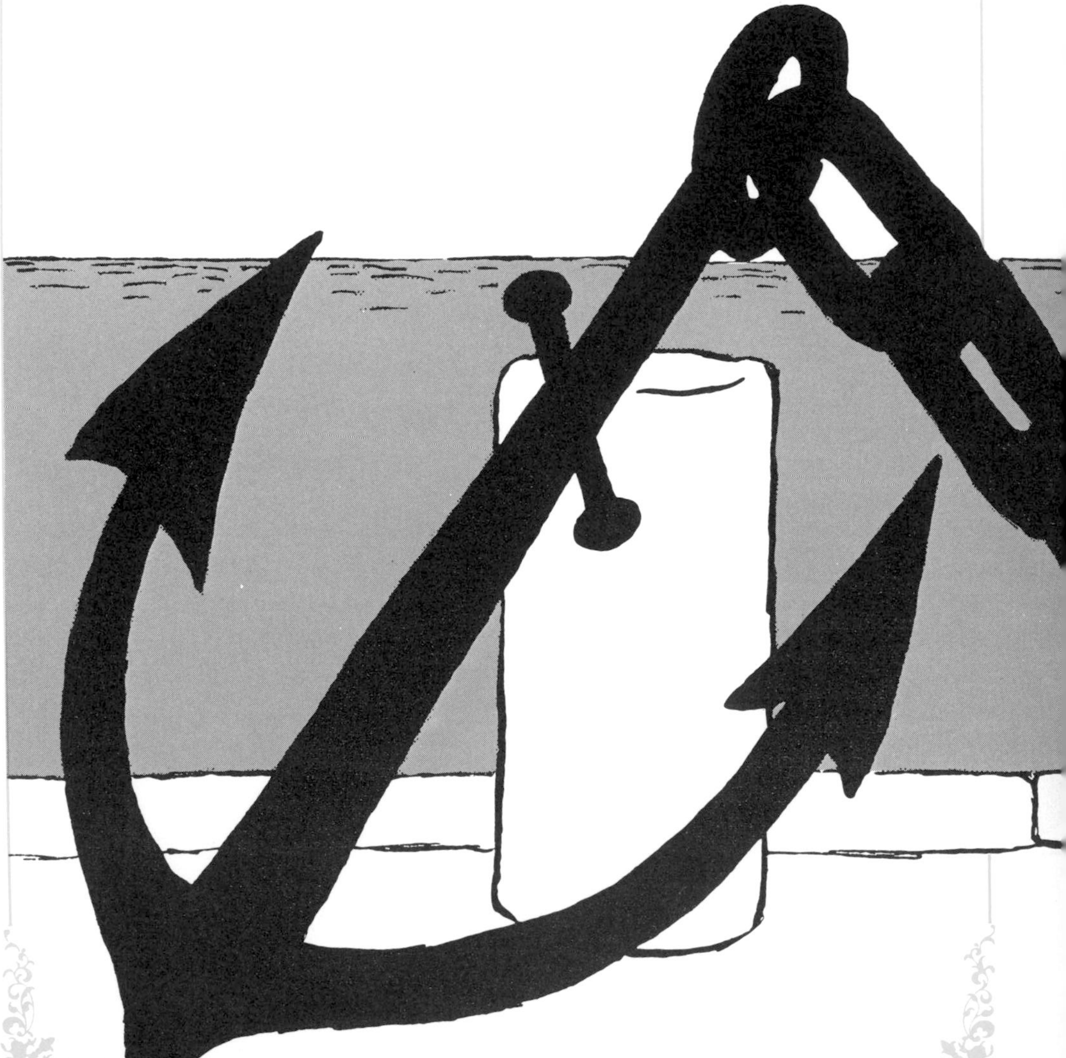

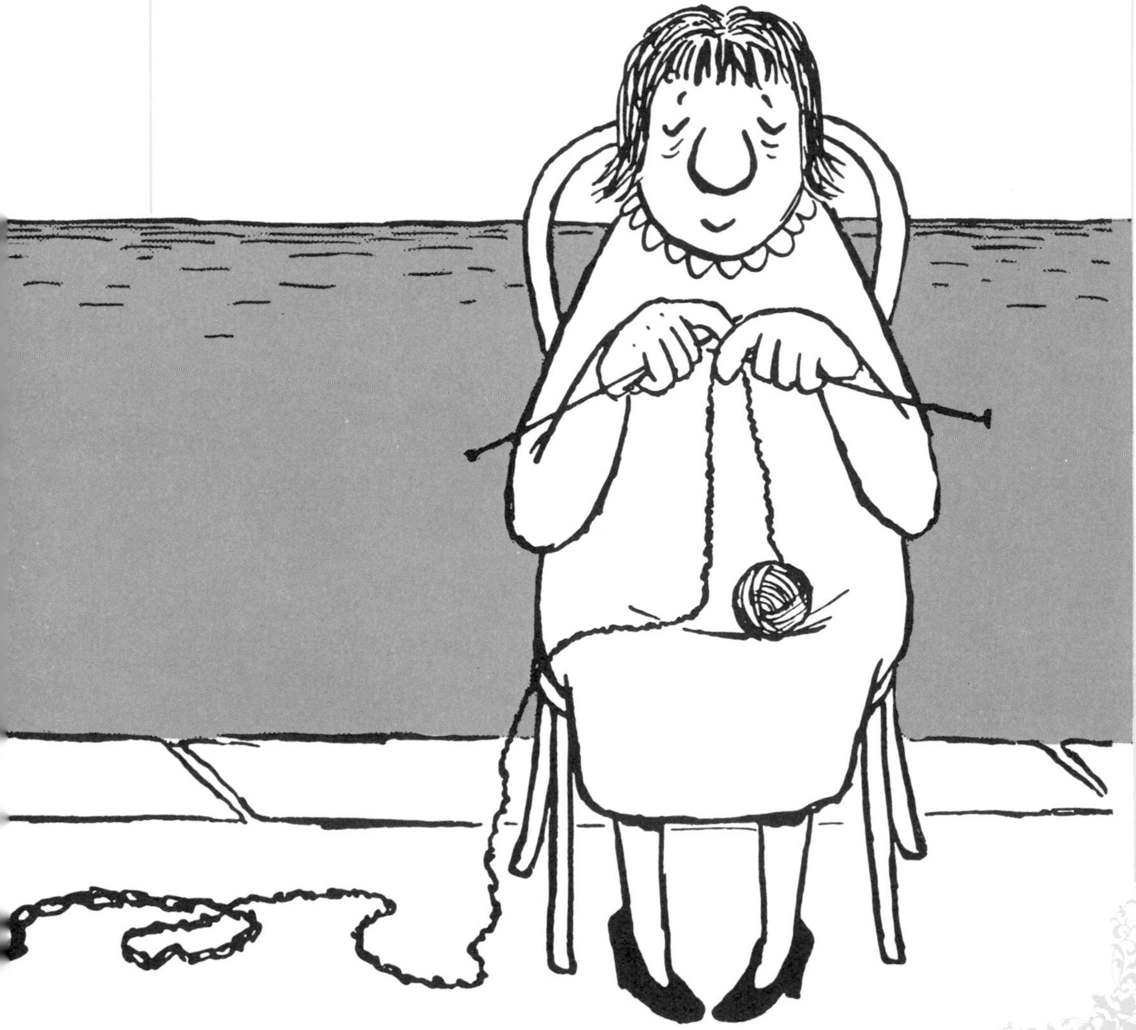

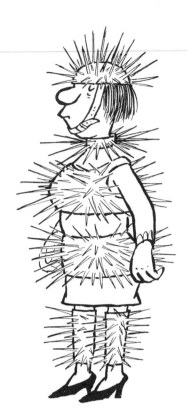

Bis zur Hochzeit sollte man nichts, nach der Hochzeit alles wissen.

Manche Ehefrauen haben eine eigenartige Vorstellung von dem, was unterhalb der Gürtellinie liegt.

»Keine Angst, er steckt nicht mehr an!«

Karl Heinz Göbel (56) aus Gütersloh gelang es, seiner Gattin einen langgehegten Wunsch von den Augen abzulesen. Ein Nerz kann bei guter Pflege auch noch nach Jahren viel Freude bereiten.

GLEICHBERECHTIGUNG

Nach Jahrtausenden der Unterdrückung ist die körperliche Emanzipation des Mannes nun die dringlichste Forderung des vormals stärkeren Geschlechts.

Wir Männer fordern, daß dem Manne das volle Glück der leiblichen Vaterschaft nicht länger vorenthalten wird, auch wenn der Säugling vorübergehend an Gewicht verlieren sollte.

Wir Männer fordern, daß man die Vorrangstellung der Frau in der illustrierten Presse beseitigt und dem Manne jene Gleichberechtigung garantiert, die ihm nach dem Gesetz zusteht.

UNTERMIETER

*Von wenigen Einzelfällen abgesehen, ist das Verhältnis zwi-
schen Mieter und Untermieter zunehmend herzlicher geworden.*

Unverständlich ist das Verhalten von Herrn Albert K., der trotz
freundlicher Unterbringung in einem pflegeleichten Apartment seit
zwei Monaten mit der Miete im Rückstand ist.

Fräulein Hoppenstedt hat sich ihre Kündigung selbst zuzuschreiben, da ihr Herrenbesuch nach 22.00 Uhr laut Mietvertrag ausdrücklich untersagt worden war.

Taktisch richtig handelte Untermieter Erwin Sch. (vorn Mitte), der zu einer Feier im engsten Kreise auch seine Wirtin (Pfeil) eingeladen hatte.

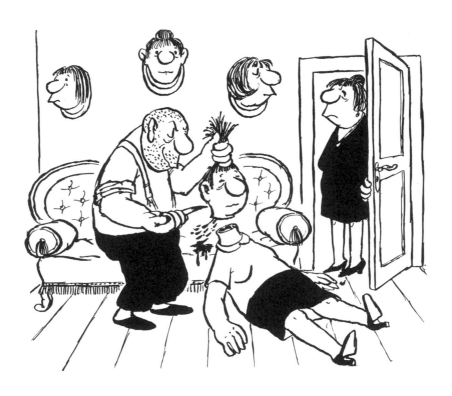

Herr Meierbehr muß mit sofortigem Auszug rechnen, da ihm beruf-
liche Tätigkeit in seinem möblierten Zimmer nur bei sorgfältiger
Schonung der Polstergarnitur gestattet ist.

DEIN KIND,
DAS UNBEKANNTE
WESEN

Wenn ein Kind etwas möchte, ist das allein noch kein triftiger Grund, es ihm abzuschlagen.

Seit eh und je wurden die meisten Menschen auf der Straße aufgeklärt.

Das Wichtigste ist, daß es der Mutter vollkommen gleichgültig ist, wann ihr Kind sauber wird.

DEINE ELTERN, DIE UNBEKANNTEN WESEN

Die Eltern als solche

Jeder Elternteil erwartet die ungeteilte Liebe des Kindes.

Auch in der Beziehung zueinander hat jeder Elternteil seine festum-
rissene Aufgabe.

Fragen Sie Ihre Eltern mal, wie das damals war, als sie sich geheiratet haben.

Der Vater

Erkundigen Sie sich ruhig bei Ihrem Vater, wieviel er im Monat verdient und was er auf dem Konto hat.

Es gibt viele Familien, die es sich im Umgang mit dem Vater nicht leicht machen.

Von der Tochter zur Frau
und Mutter

Jeder Vater hat geheime, uneingestandene Vorstellungen davon gehabt, was für ein hübsches, liebreizendes, gewandtes, junges Mädchen seine Tochter einmal werden sollte...

... und später bleibt dann doch alles beim alten: die Tochter wird ein gehorsames Eheweib.

Wenn die Tochter ihren Eltern versichert: »Ich bin noch Jungfrau«,
dann hat sie wahrscheinlich das Schwarze in der Sorge ihrer Eltern
getroffen.

Nach dem Abiturzeugnis wird man später nie mehr gefragt.

Im übrigen ist Kochen, Putzen, Haushaltssorge ihr einziger und eigentlicher Beruf.

Die harmonische
Familie

Erst das freiwillige Einordnen macht eine Gemeinschaft möglich.

KANINCHEN

Der Frauenüberschuß ist in den letzten 10 Jahren zu einem bedrückenden Problem geworden. Es ist zwar verschiedentlich gelungen, Frauen in Männer umzuwandeln. Aber auch hierdurch ist man der Lösung der Frage nicht entscheidend näher gekommen. Professor Mutzenberger, dessen Name in diesem Zusammenhang ein Begriff geworden ist, hat ein Verfahren entwickelt, das es auch in Zukunft gestattet, die Anzahl der Frauen in vernünftigen Grenzen zu halten. Es befriedigt uns, daß das Lebenswerk Mutzenbergers jetzt durch die Verleihung des Nobelpreises in angemessener Form gewürdigt wurde. Die sensationellen Einzelheiten seiner Methode erfuhr Chefreporter Kurt Rösner anläßlich der Verleihungsfeierlichkeiten in Stockholm.

RÖSNER   Herr Professor Mutzenberger. Sie sind mit dem Nobelpreis ausgezeichnet worden für die erste gelungene Umwandlung einer Frau in ein Kaninchen.

MUTZENBERGER 1953 glückte es mir, den Kopf einer vierzigjährigen Postangestellten auf ein zweijähriges Kaninchen umzusetzen, nicht wahr. Die Dame verrichtete noch jahrelang Schalterdienst...

RÖSNER Hm...

MUTZENBERGER ... heiratete dann ein älteres Wildkaninchen und lebt heute nach ihrer Scheidung zurückgezogen in einer Heidelberger Kleintierhandlung.

RÖSNER Ah-ja...

MUTZENBERGER Herr ... äh ... Rösner. Die Frau als solche muß in ihrer derzeitigen Form seit langem als überholt betrachtet werden, nicht wahr...

RÖSNER Natürlich...

MUTZENBERGER Ganz abgesehen von dem bedrohlich anwachsenden Frauenüberschuß einerseits und einem spürbaren Mangel an hochwertigen Kaninchen andererseits, nicht wahr.

RÖSNER Herr Professor, wenn...

MUTZENBERGER Und nicht zuletzt ist es eine bekannte Tatsache, daß über 70 Prozent aller Ehemänner lieber mit einem Kaninchen zusammenleben würden, nicht wahr...

RÖSNER Natürlich ... Ist das auf Ihrem Arm Ihre Gattin?

MUTZENBERGER Nein. Das ist die Lebensgefährtin des Aufsichtsratsvorsitzenden der Duisburger Rohstahl AG.

RÖSNER Ah-ja...

MUTZENBERGER Ich empfinde sie als besonders geglückt, nicht wahr.

RÖSNER Herr Professor, wie kann man eigentlich echte Kaninchen von künstlichen Frauen, oder nein, ich meine echte Frauen von künstlichen Kaninchen...

MUTZENBERGER Sie meinen...

RÖSNER Ich meine, ob man ein widernatürliches weibliches Kaninchen...

MUTZENBERGER Sie meinen, ob man ein von einer Frau in ein Kaninchen verwandeltes Kaninchen...

RÖSNER ... irgendwie von einer, von einem ganz normalen natürlichen Kaninchen...

MUTZENBERGER ... und ein richtiges Kaninchen-Kaninchen...

RÖSNER	irgendwie an irgend etwas unterscheiden...
MUTZENBERGER	... rein äußerlich auseinanderhalten kann, nicht wahr.
RÖSNER	So?! ... Herr Professor Mutzenberger, soviel ich weiß, stellte sich Ihre Frau Gemahlin für die ersten Versuche zur Verfügung. Hat sie, ich meine, ist sie...
MUTZENBERGER	Leider ist dieser Versuch unbefriedigend verlaufen, nicht wahr. Sie bekam kräftigere Schneidezähne, sehr lange Ohren und einen kleinen Puschel ... äh ... Puschelschwanz.
RÖSNER	Ah-ja!
MUTZENBERGER	Ja. Wir haben dann für ihren Puschelschwanz ein kleines Loch, nicht wahr...
RÖSNER	Vielen Dank für Ihre Ausführungen, Herr Professor. Guten Abend.

DEIN BESTER
FREUND

Viele Tiere sind heute weder politisch interessiert noch konfessionell gebunden. Gleichwohl verdienen sie als unsere treuen Helfer und Begleiter sorgfältige Pflege und familiäre Geborgenheit

VOM HUNDE

Sauberkeit ist das Bedürfnis wertvoller Hunde. Jeder Neubau in zeit-
gemäßer Ausführung ermöglicht den Tieren aus allen Räumen sofor-
tigen Auslauf an die frische Luft.

Ein Gebot moderner Hygiene ist das eigenhändige Tragen des Hundes bei feuchtem und schmutzigem Wetter. Tier und Teppich bleiben trocken, krümelfrei und farbfrisch.

Als die Hunde noch
sprechen konnten

Am 15. August begehen wir den Tag des deutschen Hundes und gedenken jener Zeit, als uns noch eine gemeinsame Sprache verband.

» Leider hat er viel zu kurze Ohren und überhaupt keinen Schwanz...«

»Jetzt gehst du gleich nochmal raus, kommst wieder rein und sagst
›bitte‹, klar?«

»Ich bin zwei Jahre alt und sehe andere erotische Möglichkeiten als ihr
mit eurem verklemmten Intimleben!«

»Schluß Kinder – ihr kriegt ja ganz dreckige Pfoten!«

VON KATZEN UND MÄUSEN

Der Stuttgarter Kater Hannibal litt an Kontaktschwäche als Folge
innerer Vereinsamung. Nur noch selten kam er seinem Herrchen zu
Gesicht (A). Auf Grund von täglichen Kontaktübungen (B) zeigte
Hannibal schon nach vier Monaten erste Ansätze familiärer Aufge-
schlossenheit.

Das gelegentliche Mißverhältnis zwischen Katzen und Mäusen beruht vorwiegend auf menschlichem Versagen. Ein Oberregierungsrat im Ruhestand schuf durch sein harmonisches Wesen eine anmutige Beziehung zwischen Kater Paul und den Mäusen Friederike und Gisela (A). Der Beamte sah sich nach kurzer Zeit belohnt durch die Entstehung eines unzertrennlichen Freundeskreises (B).

FISCHE

A   FALSCH

B   RICHTIG

Falsche Tragweise beim täglichen Spaziergang verärgert auch gut-
mütige Fische (A). Eine praktische Haltevorrichtung macht den Weg
an die frische Luft für beide Teile angenehm (B).

Besitzern fliegender Fische ist erhöhte Aufmerksamkeit zu empfehlen. Einmal entkommen, ist das Tier nur schwer wieder einzufangen und wird dann häufig das Opfer hemmungsloser Feinschmecker.

OCHSEN

FALSCH

RICHTIG

Auch durch sorgfältige Erziehung werden Sie einen Ochsen nie ganz zu Ihresgleichen machen können, doch empfehlen wir, ihn an gewisse gesellschaftliche Formen zu gewöhnen. Vom Besuch der höheren Schule ist abzuraten.

Der neue Kamerad erweist sich bei Ritten durch die Innenstadt als geschickter Parkraumnutzer. Schwierigkeiten mit der Polizei sind nicht zu befürchten, da jeder Ochse am Straßenverkehr teilnehmen darf.

Falls sich der Ochse Ihrem Familienleben nicht anzupassen vermag, ist er auch in kleine handliche Teile zerlegbar und vielseitig zu verwenden.

GOLDHAMSTER

Goldhamster Viktor, in der Nähe eines Flughafens wohnhaft, war
infolge der Lärmbelästigung körperlich stark zurückgeblieben. Nach
zwölf entspannten Ganzmassagen und gleichzeitiger Belehrung über
das Wesen der Luftfahrt (A) kehrte der prachtvoll entwickelte Viktor
zu seinen glücklichen Besitzern zurück (B).

ELEFANTEN

Elefanten sind mißtrauisch. Wie schwierig die Mitnahme des begehrten Dickhäuters aus seiner Heimat ist, zeigt das Beispiel eines deutschen Ehepaares aus Braunschweig (Pfeil). Es verbrachte zwei Jahre unerkannt inmitten einer Herde im Innern Afrikas. Erst dann entschloß sich ein älterer Bulle, den beiden freiwillig nach Braunschweig zu folgen.

Elefanten sind gelehrig. Ein im Expeditionsgepäck bereitgehaltener einfacher Holzreifen beweist die Eignung der Tiere für bunte Abende.

Elefanten sind verkehrsgünstig. Alle Probleme modernen Großstadt-verkehrs löst das Tier spielerisch auf Grund seiner langjährigen Dschungelerfahrung.

A

B

Elefanten sind empfindlich. Die Reinigung derselben erfolgt mittels handwarmer Seifenlauge. So lange spülen, bis das Wasser klar bleibt. Merke: auch ein Qualitätselefant verliert durch falsche Behandlung an Größe und Ausdruck (B).

Klaus-Hinrich Pingel (36), Untermieter einer preisgünstigen Bremer Etagenwohnung in Leichtbauweise, sagte: »Vermeidung von Geräuschbelästigung der Nachbarn ist mein oberster Grundsatz.«

UMGANG
MIT EICHHÖRNCHEN

Das gemeine Eichhörnchen (Sciurus vulgaris) unterscheidet sich vom Maulwurf vor allem dadurch, daß es einen langen, buschigen Schwanz hat. Ferner ist Maulwürfen der Aufenthalt auf Baumwipfeln unangenehm. Mit dieser Bildfolge wird ein inniges Verhältnis zwischen Mensch und Eichhörnchen angestrebt.

Laienhafte Jagdmethoden verärgern das intelligente Hörnchen. Dagegen sind erfahrene Eichhörnchenjäger, die durch zweckmäßige Jagdkleidung das Mißtrauen der Tiere zerstreuen, in Eichhörnchenkreisen stets gern gesehen und mit Sicherheit von Erfolg begleitet.

Verschaffen Sie dem gezähmten Tier durch eine zeitgenössische Frisur das Gefühl, wildlebenden Eichhörnchen überlegen zu sein: 1. die Pudelschnur, eine kleidsame Herbstneuheit; 2. Perücke und farbiger Schwanzschoner, etwas für festliche Tage; 3. der Hardy-Schnitt, eine modische Neuheit für den Eichhorn-Twen. In Zweifelsfällen wird Sie Ihr Eichhörnchen-Salon gern beraten. Merke: Eichhörnchenbesitz verpflichtet!

Das Rieseneichhorn (Sciurus gigantis) ist sehr selten und nur noch in einzelnen Exemplaren auf Sylt und in München-Giesing anzutreffen. In der Gefangenschaft benötigt es zu seinem Wohlbefinden ein Leerzimmer mit Balkon. Familiäres Entgegenkommen lohnt das Tier durch possierliche Zärtlichkeit.

VORHER

NACHHER

Eichhörnchen sind fleißige Nagetiere. Erfahrene Eichhörnchenhalter geben ihren Lieblingen deshalb Gelegenheit zur Kräftigung der Vorderzähne. Obenstehend Herr Otto Wilhelm F. vor und nach einer ungewöhnlichen Leistung des Eichhörnchens Eduard.

UMGANG
MIT BÄREN

*Wegen der ständig zunehmenden Verkehrsdichte lebt der Bär
in Westdeutschland sehr zurückgezogen und ist besonders im
Stadtbild der Großstädte selten geworden. Dem unvermittelten
Auftreten eines Bären steht der Bundesbürger daher mit einer
gewissen Ratlosigkeit gegenüber.*

Möglichen Angriffsabsichten des Bären begegnet man durch einfaches Hochnehmen desselben. Voraussetzung hierfür ist der richtige
Griff (A). Größere Exemplare erfordern eine Trittleiter (B). Stän-
diges Mitführen einer solchen ist ein Gebot bürgerlicher Sicherheit.

Radfahrenden Bären ist auch von links Vorfahrt zu belassen, da sie meist in Gedanken und daher unaufmerksam sind. Ein Vertreter aus Nieder-Ramstadt hatte nach einem entsprechenden Zwischenfall keine Freude mehr an seinem Automobil.

Bären neigen in der warmen Jahreszeit dazu, sich nachlässig zu kleiden. Besonders in Gaststätten sollte man ihnen das Ablegen der Garderobe keinesfalls gestatten. Merke: Unbekleidete Bären sind kein Schmuck für deutsche Speisesäle!

Liebkosungen sind nur in Einzelfällen gegenüber persönlich bekannten Bären angebracht. Eine Klavierpädagogin, die diesen Grundsatz am Pfingstmontag gegenüber einem fremden Bären mißachtete (A), mußte eine überraschende Erfahrung machen (B).

UMGANG
MIT PINGUINEN

Zu Unrecht ist der Pinguin als Haustier bisher stark im Hin-
tertreffen. Sein aufrechter Charakter und nicht zuletzt seine
untadeligen Umgangsformen lassen ihn besonders im Winter als
idealen Genossen bürgerlicher Häuslichkeit erscheinen.

Wildlebende Pinguine begeben sich nur zögernd in Gefangenschaft.
Expeditionsmitgliedern in fremdartiger, plumper Kleidung mißtraut
das Tier (A). Nur Herren in erstklassiger, der Umgebung angepaßter
Garderobe haben Aussicht, einem Pinguin zwecks späterer Mitnahme
menschlich näherzukommen (B).

A

B

Falsche Unterbringung ist häufig die Ursache mangelhaften Wohl-
befindens der Pinguine und ernster Zerwürfnisse mit denselben (A).
Geschulte Pinguinhalter besitzen dagegen das nötige Einfühlungsvermögen für die einfachsten Bedürfnisse dieser Tiere (B). Der zu-
friedene Pinguin fügt sich dem häuslichen Rhythmus ganz natürlich
ein und belohnt sein Herrchen durch manche Stunde familiärer
Harmonie.

Der Pinguin ist ein Gesellschaftstier. Vereinsamte Pinguine werden auf die Dauer mürrisch und nachlässig in der Kleidung (A). Herrschaften, die wissen, daß Pinguine den ganzen Charme ihrer Persönlichkeit nur in größerem Kreise entfalten, werden bei der Anschaffung der Tiere nicht kleinlich sein (B). Merke: Für langjährige Pinguinbesitzer ist ein pinguinloser Haushalt unvorstellbar.

Der tägliche, etwa einstündige Spaziergang des Pinguins verschafft auch seinem Besitzer ein gesundes Maß an Bewegung und frischer Luft. Normale Pinguine bevorzugen Spazierwege auf einigen landschaftlich reizvollen Inselgruppen im Südpolargebiet. Verwöhnte Exemplare verrichten ihre Geschäftchen ausschließlich in Patagonien, auf Feuerland und den Falklandinseln.

VOM WAIDWERK

»Kein Schwein im ganzen Revier...«

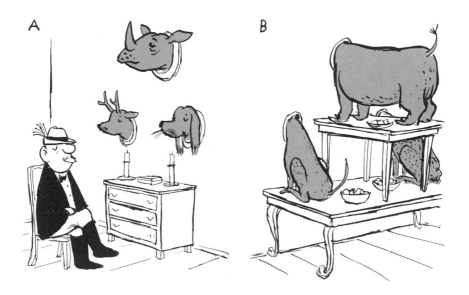

Würdige Behandlung des ehemaligen Gegners ist ein echtes Anlie-
gen aller Freunde von Kimme und Korn. Der erfolgreiche Münchner
Jungjäger Reiner Z. löste die waidmännische Ausgestaltung seiner
Zwei-Zimmer-Wohnung auf ebenso repräsentative (A) wie ritterliche
Weise (B).

»In der Masse sind sie mir unangenehm...«

ZENTAUREN

Der Zentaur (A) benötigt in öffentlichen Verkehrsmitteln zwei Fahrt-
ausweise. Nur als Reisender mit Traglasten (B) hat er Anspruch auf
den Normaltarif. (Dasselbe gilt für Zentauren im Militärdienst oder
unter vier Jahren.)

Jüngere Zentauren lassen häufig die nötige Reife vermissen (Bild).
Ausgedehnte Erziehungsritte in scharfem Trab, aber auch Entspannung bei guter Lektüre und häuslichem Musizieren beruhigen die
menschliche wie die tierische Hälfte Ihres vielseitigen Lieblings.

Weibliche Zentauren sind bisher unbekannt. Bei Auftreten derselben
handelt es sich um Fälschungen oder Damen, die sich nur interessant
machen wollen.

DER VAMPYR

Sie besitzen ein Fernsehgerät. Das ist kein Vorwurf. Es ist nur ein Beweis, daß Sie in sicheren, kultivierten Verhältnissen leben. Aber Sie sollten nicht vergessen, daß es lebendige Wesen gibt, die es schwer haben, sich in unserem kühlen Erfolgsklima zu behaupten. Minderheiten, die täglich neu um ihre Existenz ringen. Außenseiter der Gesellschaft und dennoch mitten unter uns. Von ihnen soll jetzt die Rede sein. Es spricht Herr Kuno Falkenberg.

Meine Damen und Herren. Haben Sie sich schon einmal Gedanken darüber gemacht, daß es in unserem Wohlstandsstaat eine notleidende Bevölkerungsgruppe gibt, an der sogar die Reformpläne einer sozialistischen Regierung vorübergegangen sind?

Der Vampyr gehört in der Bundesrepublik zu einer Minderheit. Als Wähler ist er somit uninteressant. Noch vor wenigen Jahren in aller Munde, ist er heute nahezu in Vergessenheit geraten. Was wird für alternde oder unverschuldet in Not geratene Vampyre getan? Nichts! Im Gegenteil: wir werden unter Mißachtung des Grundgesetzes in der freien Ausübung unserer Lebensgewohnheiten vorsätzlich behindert. Es sind Fälle bekannt, in denen unbescholtene Vampyre öffentlicher Verfolgung ausgesetzt wurden, weil sie nächtlichen Straßenpassanten, in netter Form, Blut entnommen hatten. Ein gesunder Vampyr benötigt pro Nacht ein bis zwei Liter frisches Damen- oder Herrenblut. Dafür verzichtet er aber auch auf Teigwaren, Obst, Käse und Gemüse.

Durch die ablehnende Haltung der Bevölkerung greifen schwere Depressionen und Ernährungsschäden gerade unter jugendlichen Vampyren in erschreckendem Maße um sich. Allein in Rheinland-Pfalz waren im Jahre 1970 mehr als 2000 Vampyre zwischen zwei- und dreihundert Jahren bettlägerig.

Was ist das für ein Staat, der in jedem Jahr Milliarden für die Rüstung ausgibt und keinen Tropfen Blut für seine Vampyre übrig hat. Da stimmt doch was nicht!

Es ist kurz vor 12. Wir wenden uns an die Öffentlichkeit. Wer spendet Blut, Särge, warme Decken und Zahnersatz? Wer nimmt junge Vampyre in den Ferien auf? Wer schnell hilft, hilft doppelt. Geldspenden erbeten auf Postscheckkonto Baden-Baden 22648.

AUF
REISEN

DIE
WANDERSCHAFT

2

3

FLUGREISEN

Wer nicht aus gesundheitlichen Gründen gezwungen ist, zu Fuß zu gehen, sollte vom reichhaltigen Angebot der Luftfahrtgesellschaften Gebrauch machen.

Trotz direkten Anschlusses an das internationale Luftfahrtnetz haben Flugreisende nach Dinkelsbühl (Pfeil) vorläufig noch kleine Unannehmlichkeiten in Kauf zu nehmen.

Durch hohes fliegerisches Können erzielte der Chefpilot einer
Boeing 887 auf der Ostasienroute Frankfurt-Singapur eine extrem
günstige Ausnützung des Tankinhalts.

Auf seine Frage, wie lange sich der Start der Maschine noch verzö-
gern werde, erhielt Fluggast Hans-Günter P. (47) eine überraschend
unbefriedigende Auskunft.

In Anbetracht der aufkommenden Gewitterneigung entschloß sich
Flugkapitän Jörg D., die Strecke München–Zürich in Bodennähe
zurückzulegen. Merke: Der Wunsch zu fliegen ist so alt wie die
Menschheit selbst.

SEEREISEN

Auch rauher Seegang entschuldigt keinen Formfehler unter Passagieren der ersten Klasse. Beim Vorstellen im Speisesaal hätte Herr Karlheinz B. sagen müssen: »Das ist meine Frau« und nicht »Das ist meine Gattin«.

Rege Mitarbeit bei der Schiffsführung macht Sie zum Lieblings-
passagier des Kapitäns. Merke: Nachts und bei schwerem Wetter ist
Ihr Platz auf der Kommandobrücke.

An der übertriebenen Eleganz erkennt man den unerfahrenen Schiffs-
reisenden. Bei kleineren Kreuzfahrten auf dem Mittelmeer zwischen
Genua und dem Vorderen Orient genügt am Nachmittag Smoking
und Cocktailkleid.

»Glücklicherweise habe ich sowieso Grippe…«

AUF REISEN
IM AUSLAND

Nicht zuletzt durch häufigen Auslandsaufenthalt erweitert der
deutsche Urlauber alljährlich seinen weltmännischen Horizont.

Dieser stets nur in Sofia auftretende Zustand des Herrn Anton K.
läßt vermuten, daß gewisse bulgarische Nationalgerichte zwar als
wohlschmeckend, jedoch nur als bedingt bekömmlich zu bezeichnen
sind.

Frau Gertrud P. (links) fand, ihr Gatte habe schon am zweiten Tage seines Sonnenbades in Rimini ganz andere Farben als daheim in Recklinghausen.

Durch intensives Studium schottischer Lebensgewohnheiten bemühte sich Familie O. aus Köln, ihr Teil zur Völkerverständigung beizutragen.

FALSCH

RICHTIG

Italienische Museen sind kein Aufenthaltsort für halbbekleidete Touristen. Gegen die Darstellung des Nackten in künstlerischer Form ist jedoch nichts einzuwenden.

»Ich glaube, hier darf man nicht ohne Kopfbedeckung in die
Kirche...«

»Das ist nur ein Mitbringsel meiner Gattin aus Portofino...«

Passende Worte
im Ausland

Der deutsche Ferienreisende im Ausland gibt durch törichtes Verhalten bei unvorhergesehenen Situationen häufig dem Urlaub eine tragische Wendung. Dagegen könnten durch ein passendes Wort im richtigen Moment die entspannte Freizeitstimmung erhalten und peinliche Folgen vermieden werden. Wir haben typische Beispiele herausgegriffen, die als Anregung dienen mögen.

Ihre Gattin wird am Strand von Einheimischen angesprochen. Passende Bemerkung: »Kann ich mich irgendwie erkenntlich zeigen?«

Sie sind bei Ihrer südländischen Wirtin zum Nationalgericht eingeladen. Passende Bemerkung: »Ohne Sauerkraut kriege ich ihn nicht
runter.«

Ihr Gatte greift versehentlich in einen Stierkampf ein. Passende Bemerkung: »Macht nichts, es ist nur die Freizeithose.«

Sie geraten in einen parteipolitischen Meinungsaustausch. Passende Bemerkung: »Wir lieben alte Sitten und Bräuche.«

Frankreich ist das Land der Höflichkeit. Das Wort »Pardon« erwartet man dort auch in Fällen, über die in Deutschland kein unnötiges Wort verloren wird.

IM HOTEL

Infolge des Personalmangels wird es auch in Hotels der Spitzenklasse gern gesehen, wenn das Putzen grob verschmutzten Schuhwerks von den Gästen selbst vorgenommen wird.

Gegen die Mitnahme von Hunden in den Speisesaal ist seitens der
Direktion nichts einzuwenden, sofern sich das Tier ordnungsgemäß
an der Leine befindet.

Dem einzelreisenden Herrn ist der Empfang einer einzelnen Dame in seinem Hotelzimmer nicht gestattet. Mehrere Damen dagegen gelten als Verein und haben jederzeit freien Zutritt.

Rasche, individuelle Bedienung ist das Kennzeichen der Nachsaison. Tausende von ausgeruhten Kellnern und Oberkellnern stehen bereit, auch noch dem letzten Gast vor Eintritt der Winterruhe jede Mahlzeit zu einem unvergeßlichen Erlebnis zu gestalten.

»Habt ihr noch'n anständigen Schlag Milchnudeln im Pott, Leute?«

HASCH

Mein Gepäck wirkte wohl etwas plump, als ich die Grenze passierte. Der Zollbeamte im Zug Istanbul–München wünschte jedenfalls hineinzusehen. Nicht in den Handkoffer, der getragene Unterwäsche und mein Waschzeug barg, sondern in den groben Leinensack, der die zwei freien Plätze meines Polsterklasseabteils einnahm (ich hatte den Sack seines Gewichtes und eines chronischen Bandscheibenschadens wegen beim besten Willen nicht in die Gepäckablage heben können).

»Was ist das«, sagte der Beamte, nachdem er den Hanfstrick gelöst und hineingefaßt hatte. »Hasch«, sagte ich, »anderthalb Zentner, hochfein.« »Natürlich, natürlich«, sagte er und kostete vorsichtig etwas mit der Zungenspitze. »Langen Sie nur tüchtig zu«, sagte ich höflich und blätterte in der ›Süddeutschen‹. Er kostete vorsichtig von Salzburg bis Rosenheim. Er saß mir schräg gegenüber, sah sehr glücklich aus und begann sich zu entkleiden. »Ich bin eine Kohlmeise«, sagte der Beamte deutlich und legte als letztes sein Hemd ab.

Dann machte er die ersten Flugbewegungen mit den Ellenbogen.

Kurz vor München öffnete ich das Fenster. Er erhob sich und flatterte hinaus. Ich sah, wie er in einem leichten Bogen nach Westen strich, jubilierend über die Wipfel eines Hochwaldes stieg und sich im Himmel verlor. Ohne jede Verspätung fuhr der Zug um 16 Uhr 31 in Münchens Hauptbahnhof ein.

MONDGESTEIN

Die Älteren unter Ihnen werden sich noch daran erinnern, daß im Juli des Jahres 1969 der erste Mensch den Mond betrat. Schon jetzt steht dieses Ereignis im Schatten einer Sensation, deren Folgen für die Menschheit nicht abzusehen sind.

Heute gegen 13.00 Uhr erschien bei uns in der Redaktion einer der führenden deutschen lunar-biologischen Forscher, Professor Carlo Schlettenbach. Bei sich trug er die ihm von der NASA zur Verfügung gestellte Mondgesteinsprobe. Er teilte uns eine Entdeckung mit, die uns den Atem verschlug.

Herr Professor Schlettenbach befindet sich in diesem Augenblick im Studio. Hören Sie, was er der Öffentlichkeit mitzuteilen hat. Kurt Rösner führt das Gespräch.

RÖSNER   Herr Professor Schlettenbach, die Menschheit verdankt Ihnen eine Entdeckung von unabsehbarer Tragweite.

SCHLETTENBACH   Wie? Was?... Ach ja!

RÖSNER   Als Leiter des lunar-biologischen Instituts in Husum untersuchten Sie Proben des von Armstrong und Aldrin gesammelten Mondgesteins. Sie haben als erster darauf Leben entdeckt.

SCHLETTENBACH   Äh-ja!

RÖSNER	Und…
SCHLETTENBACH	Was »und«?
RÖSNER	Was haben Sie beobachtet?
SCHLETTENBACH	Ich bin mit Hilfe des Elektronenmikroskops auf Lebewesen gestoßen. Zunächst auf Fußspuren, Zigarettenstummel, Speisereste etc., etc. und dann auf die Mondbewohner selbst.
RÖSNER	Speisereste… ah… Und wie sehen sie aus, diese… hm… diese…
SCHLETTENBACH	Was denn? Die Mondbewohner? Sie sehen aus wie Menschen.
RÖSNER	Aha.
SCHLETTENBACH	Natürlich kleiner, nicht wahr, kleiner, viel kleiner.
RÖSNER	Aha.
SCHLETTENBACH	Mit unbewaffnetem Auge ist der Mondmensch nicht zu sehen. Hier auf diesem Stein leben etwa 44 000 in zwei Kleinstädten und 16 dörflichen Gemeinden.
RÖSNER	Hm.
SCHLETTENBACH	Das Zusammenleben von Erd- und Mondbewohnern bietet übrigens vom Standpunkt des Wissenschaftlers kein ernstes Problem.
RÖSNER	Neinnein!
SCHLETTENBACH	Auch gegen die Aufnahme eheähnlicher Beziehungen zwischen Erd- und Mondbewohnern bestehen keine Bedenken.
RÖSNER	Neinnein!
SCHLETTENBACH	Ja – der körperliche Größenunterschied erfordert allerdings eine gewisse quantitative Angleichung.
RÖSNER	Natürlich.
SCHLETTENBACH	Ja – meines Erachtens kann beispielsweise eine gesunde Frau verlangen, daß ihr Lebensgefährte ohne Mikroskop erkennbar ist.
RÖSNER	So!?
SCHLETTENBACH	Ja – sie hätte nach vorsichtiger Schätzung also Anspruch auf, warten Sie… 100000 bis 120000 lunare männliche Ehepartner. Eng zusammengestellt erreichen dieselben etwa Erbsengröße. Der Gatte ist mit bloßem Auge sichtbar, dürfte aber wohl nicht als störend empfunden werden. Ein durchaus befriedigendes Ergebnis.
RÖSNER	Vielen Dank, Herr Professor!

SPORT

OLYMPIA

Spielerische Eleganz statt mißgünstiger Verbissenheit kennzeichnet den Sportler im Sinne Olympias. Dem Schlußmann der deutschen 4×100-Meter-Staffel (Pfeil) gelang es, in der sportlichen Welt einen unvergeßlichen Eindruck frischfröhlichen deutschen Kampfgeistes zu hinterlassen.

Echten olympischen Geist bewies die Mannschaft eines linksorientier-
ten Achters (rechts), die für die Besatzung eines beschädigten konser-
vativen Bootes (links) etwas zusammenrückte.

Stilistische Fehler führen häufig zu schlechter Bewertung einer guten
sportlichen Leistung. Ein süddeutscher Hammerwerfer bewog jedoch
die Kampfrichter allein auf Grund seiner graziösen Körperhaltung zur
Anerkennung der gezielten Rekordweite.

Besonders im Falle knapper Niederlagen gewinnt der Wettkämpfer
Sympathien durch charakterliche Disziplin. Bei der Verleihung der
Bronze-Medaille zeigt er, je nach Temperament, diskrete Zurückhal-
tung (A) oder moralische Überlegenheit (B), getreu der olympischen
Devise: Teilnahme ist wichtiger als Sieg!

FUSSBALL

Das Wochenende stand wie immer im Zeichen erregter Aus-
einandersetzungen in der Bundesliga. Bedeutendstes Ereignis war
der 1:0 Erfolg des VfB Bredenbeck gegen die Neustädter
Löwen.

Kurz vor Ende der ersten Halbzeit kam es durch ein Mißgeschick des
rechten Verteidigers der Neustädter Löwen zu einer Spielunterbre-
chung von 8 Minuten.

Unerwünschtes Eingreifen des Schiedsrichters ist eine der lästigsten
Erscheinungen beim Fußballsport. Erfahrene Nationalspieler lösen
diese Probleme ebenso einfach wie wirkungsvoll.

Millionen am Bildschirm verfolgten die eindrucksvollen Leistungen
der berühmten Läuferreihe des VfB Bredenbeck.

Das spielentscheidende Tor fiel in der 84. Minute durch einen Kopfball vom Linksaußen Willi Dombrowski (Pfeil).

REITSPORT

VORHER

NACHHER

Durchdacht aufgebauter Reitunterricht gewährleistet außer körperlicher und geistiger Straffung auch rasche Gewichtsverluste ohne
schädliche Nebenwirkungen. Die Abbildungen zeigen die Angestellte
Christina G. vor und nach einem scharfen Geländeritt von ca. acht-
einhalb Stunden auf Hengst › Hepplewhite ‹.

TENNIS

ANGELN

KEGELN

KULTUR

SCHÖNE UMWELT

Das Interesse ausländischer Gäste für die kulturellen Sehenswürdig-
keiten der Bundesrepublik ist ständig im Steigen begriffen.

DAS SAUBERE
HEIM

Schon nach kurzer intensiver Behandlung mit einfachen Mitteln kommen die farbenfrohen Muster Ihrer kostbaren Perserbrücke ganz anders heraus.

Männer zeigen häufig wenig Verständnis für das mit dem Frühling verbundene Großreinemachen. Hausfrauen mit zielsicherem Instinkt für Gemütlichkeit und praktische Heimpflege finden jedoch stets den richtigen Weg zu behutsamer Erziehung des widerstrebenden Gatten.

Millionen kluger Hausfrauen erhalten sich monatelang den frischen Glanz ihres Heimes durch sorgfältiges Auslegen von hochwertigen Zeitschriften.

Susanne F. besitzt einen Staubsauger mit allen Raffinessen eines arbeits-
sparenden Haushaltsgerätes.

GESELLSCHAFTLICHES

»Bitte, greifen Sie zu, solange der Vorrat reicht…«

Große
Abendtoilette

*Die bevorstehenden repräsentativen Schwarz-Weiß-Bälle gelten
als gesellschaftliche Höhepunkte der Wintersaison. Leider meh-
ren sich in diesem Zusammenhang die Anfragen verzweifelter
Herrschaften, die keinerlei Vorstellungen von einer ebenso kor-
rekten wie modernen Toilette haben. Der folgende Hinweis
wurde unter Mitarbeit des Kulturausschusses der Gewerkschaft
Salon und Verkehr sowie einer Bonner Gruppe, die nicht genannt
sein möchte, zusammengestellt, um grobe Verstöße gegen das all-
gemeine sittliche Empfinden auszuschließen.*

Frackhosen mit zu knapp gewordener Bundweite sind in modebe-
wußten Kreisen heute kein echtes Problem mehr. Während weiße
Unterwäsche den V-Ausschnitt unfein betont (A), mildert ein Slip
dunkler Färbung den unerwünschten Kontrast (B). Mit einem ge-
schickt drapierten Bukett künstlicher Blumen wird man zum vielbe-
wunderten Aushängeschild der internationalen Haute Couture (C).

»Jederzeit hilfsbereit« ist die Devise eines Kavaliers alter Schule.

AUTOMATISCHES

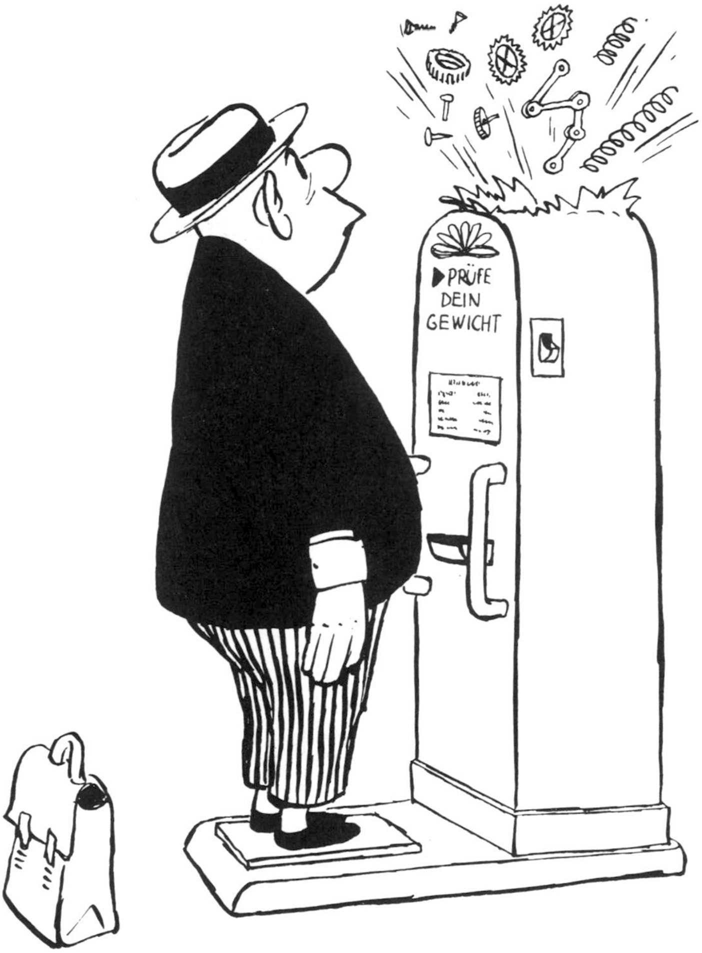
PRÜFE
DEIN
GEWICHT

3

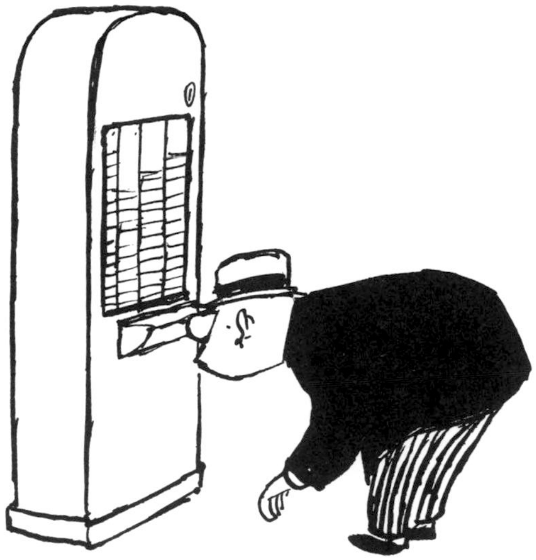

4

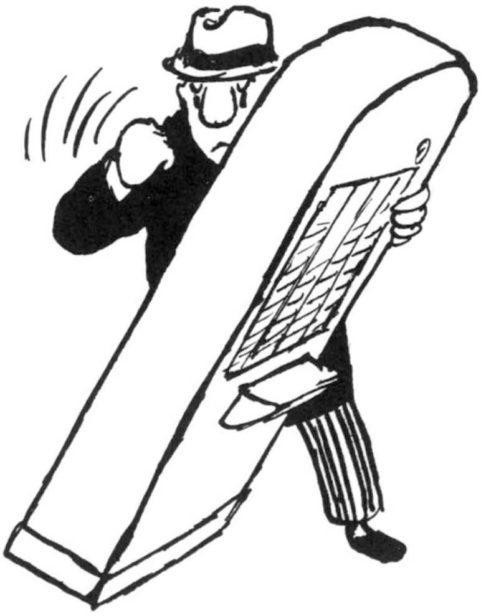

5

SPIELE
FÜR ERWACHSENE

»Ich bin eine historische Persönlichkeit mit N – aber mehr sag ich
nicht.«

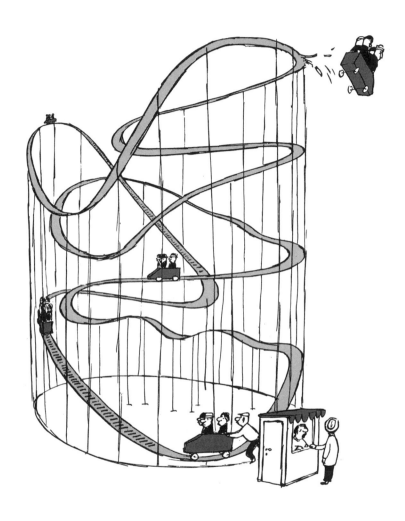

»Nein, Sie können die Karte nicht zurückgeben.«

MASSENMEDIEN

FARBFERNSEHEN

*Mit der Ausstrahlung farbiger Programme hat ein neuer Abschnitt in der Ge-
schichte des Fernsehens begonnen. Anläßlich der Eröffnungsfeierlichkeiten der
Berliner Funkausstellung hielt der künstlerische Farbberater der ARD, Herr
Dietmar Pohle, vor einem kleinen ausgewählten Kreis von Fachleuten ein be-
achtenswertes Referat. Um auch Ihnen eine intimere Kenntnis der Materie zu
vermitteln, haben wir diese Ansprache mitgeschnitten.*

Meine Damen und Herren,

vorweg ein Wort an die Hausfrau. An der Unterseite des Fernseh-
gerätes heraustretende Farbreste sind für Mensch und Tier völlig
unschädlich und lassen sich aus Haargarn und Bettwäsche mit etwas
Zitrone mühelos entfernen.

Als künstlerischer Farbberater des Deutschen Fernsehens erlaube
ich mir, Sie in unsere Programmgestaltung einzuführen. Um erst gar
keine Eintönigkeit aufkommen zu lassen, senden wir jeweils am Mon-
tag in einem ganz, ganz zarten Himmelblau; für Dienstag haben wir
uns ein wunderhübsches blasses Grün ausgedacht; für Mittwoch ein

aufregendes Beige mit entzückendem Streifen in Aubergine, passend zu jedem Gerät; der Donnerstag ist in einem tollen, also wirklich ganz, ganz tollen Rosé gehalten; am Freitag gibt es ein sehr, sehr schickes Lila in störungsfreiem Changeant; am Sonnabend senden wir gebrochenes Weiß, und am Sonntag empfangen Sie ab 11 Uhr vormittags ein festliches warmes Schwarz mit dezentem Nadelstreifen, etwas für vollschlanke Fernsehfreunde.

Natürlich kann man es trotz subtilstem farbpsychologischem Einfühlungsvermögen nicht jedem recht machen. Für alle diejenigen Farbfernsehteilnehmer, deren Geschmack sich nicht mit dem unsrigen deckt, senden wir Dienstag von 14 Uhr 30 bis 15 Uhr 45 und Freitag von 16 Uhr 15 bis 17 Uhr aus einem Seitenkanal ein ganz, ganz scheußliches Braun. Guten Abend.

BAYREUTHER
PAUSENGESPRÄCH

Ich weiß nicht, wie Sie zu Wagner stehen, Verehrteste, aber ich kenne einen Erwin Wagner, der auch sehr gute Gitarre spielt, nur eben viel gefälliger und niemals über zweieinhalb Stunden hintereinander.

Auch rhythmisch ganz anders und ohne Gesang. Er hat seinerzeit in Wanne-Eickel einen Patentstöpsel für gebrauchte Flaschen erfunden und die Vertretung für Süddeutschland selbst übernommen. Der Wagner-Stöpsel, wissen Sie, hat sich ja weitgehend durchgesetzt.

Wir haben uns vor acht Jahren im Speisewagen im Rheingold-Expreß kennengelernt. Wir hatten schon Zukunftspläne gemacht – aber im Bahnhofsgedränge haben wir uns dann leider wieder aus den Augen verloren. Erst kürzlich traf ich ihn in einem Gartenrestaurant in Bochum wieder. Sind die Wanne-Eickeler Wagners nicht verwandt

mit Rudolf Wagner, der sich hier in Bayreuth als Hals-Nasen-Ohren-
Arzt einen Namen gemacht hat? Ich habe mich zwei Tage vor › Lohen-
grin ‹ von ihm mal durchblasen lassen und hörte bereits im ersten Akt
sechs ganz neue Leitmotive.

FESTANSPRACHE ANLÄSSLICH DER ERÖFFNUNG DER XVII. BERLINER FILMFESTSPIELE

Meine sehr verehrten Damen und Herren, im Namen des Vorsitzenden des Präsidiums der Organisationshauptabteilung Unterhaltung, Sonderausschuß Berliner Filmfestspiele, sowie der Leitung der Pressestelle des Herrn Persönlichen Kulturreferenten heiße ich Sie herzlich willkommen!

Berlin, seit Jahren auf internationaler kultureller Ebene geistig führend, vereinigt in diesen Tagen eine Prominenz, wie sie in solchem Umfang auch New York noch nicht zu bieten hatte:

Ich begrüße Kitty, den fünfjährigen Kinderstar des Isländischen Werbefernsehens; ich begrüße Herrn Günther Bollermann, der wegen seiner verblüffenden Ähnlichkeit mit Cary Grant seinen Urlaub in Dänemark abbrach, um nach Berlin zu eilen.

Ich begrüße einen Vetter ersten Grades von Elizabeth Taylor und zwei angeheiratete Kusinen Michelangelo Antonionis.

Meine Damen und Herren – wo steht der Film heute? Das anspruchsvolle Filmwerk kann und will sich nicht ausschließlich der Begattung als solcher widmen, wenngleich sich hier, schon rein technisch, noch ungenutzte Möglichkeiten abzeichnen.

Andererseits stellt sich die Frage nach dem Publikum. Gewissenhafte Testvorführungen haben ergeben, daß kopulierende Publikumslieblinge auch in Mittel- und Kleinstädten stets gern gesehen werden.

Erst bei Szenen von 40 Minuten und darüber machten sich Anzeichen der Unruhe im Zuschauerraum bemerkbar.

Führende Filmschaffende versichern, daß hier durch behutsame Ge-
wöhnung widernatürliche Vorurteile abgebaut werden können und
müssen.

Ich erkläre die XVII. Berliner Filmfestspiele für eröffnet.

KUNST
IM HEIM

Nicht immer erhält man zu einem dekorativen Stück gleich das passende Pangdang (sprich: Pendant). Bis zur Auffindung desselben wird
man sich oft jahrelang behelfen müssen.

VORHER

NACHHER

Für nachgedunkelte Ölgemälde (auch alter Meister) empfiehlt sich ein halber Liter handwarmer Seifenlauge mit einem Schuß Salzsäure. In wenigen Augenblicken wirkt die meist guterhaltene Leinwand wie neu.

Luxus-Puzzles, aus wertvollen Original-Ölgemälden handgefertigt, sind schon ab 195 000 Mark bei allen staatlichen Kunstsammlungen erhältlich. Gegen Aufpreis in echter Kunstledertasche.

Liebhaber kostbarer antiker Sitzmöbel prüfen durch Fußtest die Echtheit derselben. Merke: Haltbare antike Möbel sind gefälscht.

Das ansprechendste Objekt einer Ausstellung zeitgenössischer Kunst in Heilbronn, der Künstler selbst (Pfeil), war leider unverkäuflich.

Durch seine tiefe innere Beziehung zu einer Bronzeplastik bewies der Angestellte Norbert K. aus Remscheid, was echte Kunst vermag.

Die Überreizung des modernen Menschen durch Film, Funk und Fernsehen hat allgemein zu besorgniserregender Oberflächlichkeit geführt. Nur durch regelmäßige Pflege deutscher Hausmusik finden wir zum echten künstlerischen Erlebnis zurück. Die obenstehende Abbildung zeigt die Wiener Philharmoniker im Wohnzimmer eines Flensburger Ehepaares, welches das bekannte Orchester zum Spiel der Ungarischen Rhapsodie (zweimal pro Woche) verpflichtete.

MORALISCHES

SIE SOLLTEN...

...weniger Parkraum beanspruchen

älteren Herrschaften beim Überqueren der Straße behilflich sein

Ihren Mitmenschen auch mal was gönnen

sich gelegentlich um die Nachbarn kümmern

im Büro eine neue Idee entwickeln

...und in kritischen Situationen die Sache selbst in die Hand nehmen...

...DANN SIEHT DAS LEBEN
GLEICH GANZ ANDERS AUS!

AUCH SOLLTE MAN...

...einfacher leben

etwas mehr auf das Gewicht achten

häufiger einen Obsttag einlegen

und sich mehr Bewegung machen

aber auch das Geistige nicht vernachlässigen

sich ein dickes Fell anschaffen

lieber noch Junggeselle bleiben

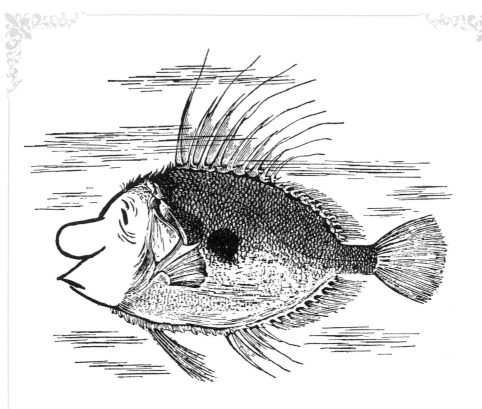

stets einen kühlen Kopf behalten

dem Chef mal gründlich die Meinung sagen

und das Leben genießen!

OB SIE…

…Hindernisse überwinden

oder unterwandern

ob es aufwärts

oder abwärts geht

ob Sie das Leben leichter

oder schwerer nehmen

ob Sie einen Umweg

oder den direkten Weg wählen

ob Sie sich gehenlassen

auf den Hund kommen

oder den Kopf verlieren

Sie werden sich durchsetzen!